KIRMIZI KADİFE AŞIKLARININ YEMEK KİTABI

KLASİK KIRMIZI KADİFE KEKTEN İLHAM ALAN 100 BÜYÜLEYİCİ TARİF

Murat Güneş

İÇİNDEKİLER

GİRİİŞ

Kırmızı kadife, kırmızı, kırmızı-kahverengi veya kırmızı renkli, ayran ve çikolata içeren geleneksel bir kek çeşididir. Genellikle krem peynirli buzlanma ile eşleştirilir.

Çoğu insan, tatlı ve romantik bir şeyler yapmayı umarak Sevgililer Günü'nde kırmızı kadifeye bakar. Ancak bu tarifler yıl boyunca harika! Doğru lezzet profilini elde etmenin anahtarı, şekersiz kakao ve ayran kullanmaktır. Ve gıda boyanızı eklerken, jel türü en iyi sonucu verir. Çok daha konsantre ve çok fazla kullanmanıza gerek kalmayacak.

Kırmızı, hoşgörü ve lüksün rengidir ve kırmızı kadife adıyla birleşen renk, öznel bir beklenti oluşturur.Yemeklerde renk çok önemlidir ve bunlar kesinlikle herkesin dikkatini çekecektir!

KAHVALTI

1. Kırmızı kadife kekkefir soslu

Yapar: 4 Porsiyon

İÇİNDEKİLER:
SÜSLEME
- ½ su bardağı sade kefir
- 2 yemek kaşığı pudra şekeri

KREP
- 1¾ bardak eski moda yulaf ezmesi
- 3 yemek kaşığı toz kakao
- 1½ çay kaşığı kabartma tozu
- 1 çay kaşığı kabartma tozu
- ¼ çay kaşığı tuz
- 3 yemek kaşığı akçaağaç şurubu
- 2 yemek kaşığı hindistancevizi yağı, eritilmiş
- 1½ su bardağı %2 az yağlı süt
- 1 büyük yumurta
- 1 çay kaşığı kırmızı gıda boyası
- Servis için çikolata talaşı veya cips

TALİMATLAR:
a) Üzeri için, her iki malzemeyi de küçük bir kaseye ekleyin ve birleşene kadar karıştırın. Kenara koyun.

b) Krepler için, tüm malzemeleri yüksek hızlı bir karıştırıcıya ekleyin ve sıvılaştırmak için yüksek hızda çırpın. Her şeyin iyi harmanlandığından emin olun.

c) Hamuru 5 ila 10 dakika dinlendirin. Bu, tüm bileşenlerin bir araya gelmesini sağlar ve hamura daha iyi bir kıvam verir.

d) Yapışmaz bir tavaya veya ızgaraya cömertçe bitkisel yağ püskürtün ve orta ateşte ısıtın.

e) Tava ısındığında, ¼ fincanlık bir ölçüm kabı kullanarak hamuru ekleyin ve gözleme yapmak için hamuru tavaya dökün. Gözlemeyi şekillendirmeye yardımcı olması için ölçüm kabını kullanın.

f) Kenarları sabit görünene ve ortasında baloncuklar oluşana kadar 3 dakika pişirin, ardından gözlemeyi çevirin.

g) Pankek bu tarafı pişince ocaktan alıp bir tabağa alın.

h) Hamurun geri kalanıyla bu adımlara devam edin.

i) İstifleyin ve tepesi ve çikolata parçaları ile servis yapın.

2. Kırmızı Kadife Smoothie Kaseleri

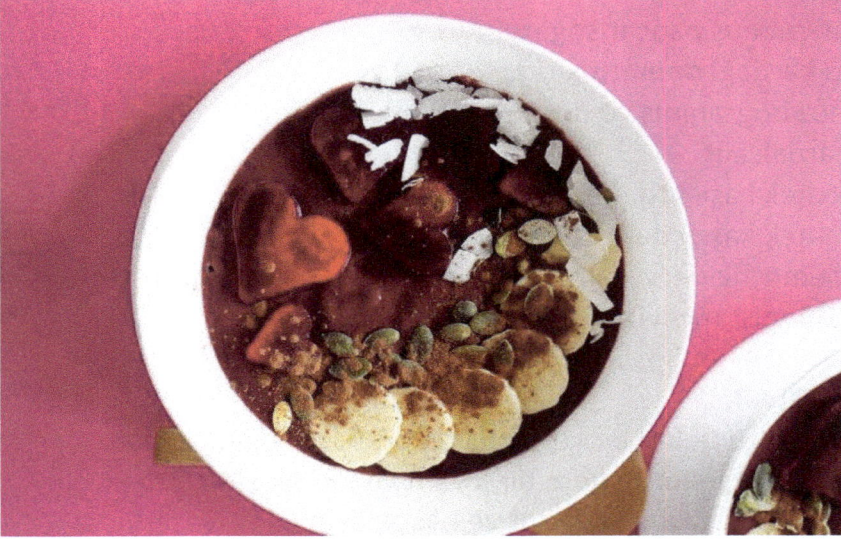

Yapar: 2

İÇİNDEKİLER:
- 1 kavrulmuş pancar soğutulmuş
- 1 su bardağı donmuş kiraz
- 1 muz doğranmış ve dondurulmuş
- ¼ bardak süt
- 3 yemek kaşığı toz kakao
- 1 yemek kaşığı bal
- Süsleme fikirleri: kalp şeklinde meyve/pancar, muz, tohumlar, fındık, hindistancevizi

TALİMATLAR:
a) Tüm malzemeleri bir karıştırıcıda pürüzsüz olana kadar birleştirin, beğeninize göre bir kıvam ve tatlılık elde etmek için gerektiği kadar daha fazla süt ve bal ekleyin.
b) En sevdiğiniz fındık / tohumlar, muz ve kakao ile doldurun.

3. Krem Peynir Dolgulu Kırmızı Kadife Krep

Yapar: 10-12 krep

İÇİNDEKİLER:
- 2 yumurta
- 1 su bardağı süt
- ½ su bardağı su
- ½ çay kaşığı tuz
- 3 yemek kaşığı tereyağı, eritilmiş
- 1 çay kaşığı şeker
- 1 çay kaşığı vanilya özü
- 1 su bardağı un
- 1½ yemek kaşığı kakao tozu
- İsteğe bağlı 5 damla kırmızı gıda boyası
- Krem Peynir Doldurma/Çiseleme

TALİMATLAR:
a) Yumurta, süt, su, tuz, şeker, vanilya ve 3 yemek kaşığı eritilmiş tereyağını bir karıştırıcıda karıştırın ve köpürene kadar yaklaşık 30 saniye karıştırın.

b) Un ve kakao tozu ekleyin ve pürüzsüz olana kadar nabız atın.

c) Kullanıyorsanız gıda boyasını bu sırada ekleyin. Hamuru, son ürününüzün olmasını istediğinizden biraz daha parlak yapmanız gerekecek.

d) Hamuru 30 dakika veya gece boyunca soğutun.

e) Kreplerinizi hazırlamaya hazır olduğunuzda, bir krep tavasında veya başka bir sığ kızartma tavasında 1 yemek kaşığı tereyağını ısıtın. ¼ fincan krep hamurunu ekleyip tava yüzeyini kaplayacak şekilde döndürmeden önce yağın tavanın tüm yüzeyini kapladığından emin olun.

f) Krepleri bir dakika pişirin, dikkatlice çevirin ve diğer yüzünü yarım dakika pişirin.

g) Çikolata sosu ve kalan krem peynir dolgusu ile süsleyin.

4. Kırmızı Kadife Tarçınlı Rulolar

Yapar: 24 rulo

İÇİNDEKİLER:

TARÇINLI RULO İÇİN

- 4½ çay kaşığı kuru maya
- 2-½ su bardağı ılık su
- 15.25 ons Kutu Kırmızı Kadife kek karışımı
- 1 çay kaşığı vanilya özü
- 1 çay kaşığı tuz
- 5 su bardağı çok amaçlı un

TARÇINLI ŞEKER KARIŞIMI İÇİN

- 2 su bardağı paketlenmiş esmer şeker
- 4 yemek kaşığı öğütülmüş tarçın
- ⅔ fincan yumuşatılmış tereyağı

KREM PEYNİR SOS İÇİN

- Her biri 16 ons krem peynir, yumuşatılmış
- ½ su bardağı yumuşamış tereyağı
- 2 su bardağı pudra şekeri
- 1 çay kaşığı vanilya özü

TALİMATLAR:

a) Büyük bir karıştırma kabında, maya ve suyu çözünene kadar birleştirin.

b) Kek karışımını, vanilyayı, tuzu ve unu ekleyin. İyice karıştırın - hamur biraz yapışkan olacaktır.

c) Kaseyi plastik ambalajla sıkıca kapatın. Hamuru bir saat kadar kabarmaya bırakın. Hamuru yumruklayın ve 45 dakika daha yükselmesine izin verin.

d) Hafifçe unlanmış bir yüzeyde, hamuru yaklaşık ¼ inç kalınlığında büyük bir dikdörtgen şeklinde yuvarlayın. Tereyağını hamurun her yerine eşit şekilde yayın.

e) Orta boy bir kapta, kahverengi şeker ve tarçını birleştirin. Kahverengi şeker karışımını tereyağının üzerine serpin.

f) Uzun kenarından başlayarak jöle rulosu gibi sarın. 24 eşit parçaya dilimleyin.

g) İki adet 9x13 inçlik fırın tepsisini yağlayın. Tarçınlı rulo dilimlerini tavalara dizin. Üzerini örtün ve iki katına çıkana kadar ılık bir yerde mayalanmaya bırakın.

h) Fırını 350 ° F'ye ısıtın.

i) 15-20 dakika veya tamamen pişene kadar pişirin.

j) Tarçınlı rulolar pişerken krem peynir ve tereyağını orta boy bir karıştırma kabında krema kıvamına gelinceye kadar krema haline getirerek krem peynirli kremayı hazırlayın. Vanilyada karıştırın. Yavaş yavaş pudra şekerini ekleyin.

5. Kırmızı Kadife Fırında Donutlar

Yapar: 14-16 çörek

İÇİNDEKİLER:
- 2 ¼ su bardağı un
- 1 yemek kaşığı kabartma tozu
- ½ çay kaşığı tuz
- ⅔ su bardağı şeker
- 1 yumurta
- 2 yemek kaşığı bitkisel yağ
- 2 yemek kaşığı toz kakao
- 1 çay kaşığı vanilya
- ½ su bardağı az yağlı süt
- Kırmızı Yumuşak Jel Macun
- Sır

TALİMATLAR:
a) Fırını 350 dereceye ısıtın.
b) Bir çörek tepsisine pişirme spreyi sıkın ve bir kenara koyun.
c) Orta boy bir kapta un, kabartma tozu ve tuzu birleştirin.
d) İyice karıştırın ve kenara koyun.
e) Büyük bir kapta şeker, yumurta ve bitkisel yağı karıştırın.
f) İçine kakao tozu ve vanilyayı ekleyip iyice karıştırın.
g) İyice birleştirilene kadar sütü yavaşça karıştırın.
h) Her eklemeden sonra iyice karıştırarak kuru malzemeleri her seferinde yaklaşık yarım bardak ekleyin.
i) Birkaç damla kırmızı gıda boyası ekleyin ve hamur istenilen renge gelene kadar karıştırın.
j) Hamuru fermuarlı bir torbaya koyun ve kapatın.
k) Ucunu kesin ve çörek tepsisine sıkın, her bir çörek kabını ⅔ dolu şekilde doldurun.
l) Donutların kızarmamasına dikkat ederek 12-15 dakika pişirin.
m) Çöreklerin üst kısımlarını sırın içine daldırın ve kalp veya serpme serpin.

6. Kırmızı Kadife Şişirilmiş Gözleme

Yapar: 4 Porsiyon

İÇİNDEKİLER:
Pancake için:
- 4 büyük yumurta
- 1 su bardağı süt
- ¾ su bardağı + 2 yemek kaşığı çok amaçlı un
- 2 yemek kaşığı toz kakao
- ¼ su bardağı toz şeker
- ¼ çay kaşığı koşer tuzu
- 1 çay kaşığı vanilya özü
- 2 yemek kaşığı tuzsuz tereyağı
- ½ çay kaşığı kırmızı jel gıda boyası
- Pişirme spreyi
- Sır

TALİMATLAR:
a) Fırını 400 derece F'ye ısıtın
b) Yumurta, süt, un, kakao tozu, şeker, tuz ve vanilyayı karıştırıcıya koyun; iyice birleşene kadar karıştırın. Gıda boyasını ekleyin ve 30 saniye karıştırın.
c) 10 inçlik bir dökme demir tavayı veya yapışmaz tavayı orta-yüksek ateşte ısıtın. Tereyağını ekleyip eritin. Hamuru tavaya dökün. Tavayı fırına koyun ve kızarana, şişene ve yaklaşık 20-25 dakika pişene kadar pişirin.
d) Pankek fırındayken krem peynir sırını yapın. Krem peynir ve tereyağını mikserle iyice karışana kadar 1-3 dakika çırpın. Sütü ekleyin ve birleştirmek için çırpın. Yavaş yavaş pudra şekerini ekleyin ve bir sır oluşana kadar karıştırın. Sırın dökülen bir kıvama gelmesi için gerekirse her seferinde bir çay kaşığı daha fazla süt ekleyebilirsiniz.
e) Pankeki dilimler halinde kesin ve üzerine krem peynir sır ve meyve ile servis yapın.

7. Kırmızı Kadife Peynirli Waffle

Yapılışı: 3 waffle

İÇİNDEKİLER:
- 1 yumurta
- 1 ons krem peynir
- 2 yemek kaşığı hindistan cevizi unu
- 1 yemek kaşığı ayran
- 2 çay kaşığı şekersiz tatlandırıcı
- ½ çay kaşığı kabartma tozu
- ½ çay kaşığı kakao tozu
- kırmızı gıda boyası

TALİMATLAR:
a) Waffle makinesini önceden ısıtın.

b) Tüm malzemeleri birlikte çırpın. İstenen pembe veya kırmızı tonunu elde etmek için birkaç damla kırmızı gıda boyası ekleyin.

c) Mini waffle makinesi kullanıyorsanız, kırmızı kadife hamurunun yaklaşık ⅓'ünü waffle makinesine dökün.

d) Waffle makinesini kapatın ve 3-5 dakika veya waffle altın rengi kahverengi olana ve sertleşene kadar pişirin.

e) Parçacıkları waffle makinesinden çıkarın ve servis yapın.

8. Kırmızı Kadife Fransız Tostu

Yapar: 4

İÇİNDEKİLER
- 8 dilim börek
- 3 büyük yumurta
- 1 su bardağı yarım ve yarım krema %10MF
- 2 yemek kaşığı toz şeker
- 1 yemek kaşığı vanilya özü
- 2 yemek kaşığı toz kakao
- 2-3 yemek kaşığı kırmızı gıda boyası
- ¼ çay kaşığı tuz
- Kızartmak için 2-3 yemek kaşığı tereyağı veya sıvı yağ
- Krem peynirli buzlanma

TALİMATLAR
a) Fırını 250F'ye önceden ısıtın. Börek dilimlerini bir tepsiye yerleştirin ve 15-20 dakika veya hafifçe kuruyana kadar pişirin. Dilimleri tamamen soğutun. Yumurta, krema, şeker, vanilya, kakao tozu, gıda boyası ve tuzu birlikte çırpın.

b) Yumurta karışımını dilimlerin üzerine dökün.

c) Dilimleri birkaç dakikada bir çevirin ve neredeyse her şey emilene kadar karışımı üzerlerine kaşıklayın. 10 dakika kadar.

d) Bir tavayı orta ateşte ısıtın. Tereyağını ekleyin, ardından dilimleri tavaya yerleştirin. Her bir tarafı 2-3 dakika veya kızarana kadar pişirin.

9. Kırmızı Kadife Sıcak Çikolata

İÇİNDEKİLER:
- 14 ons tatlandırılmış yoğunlaştırılmış süt
- 1 su bardağı yoğun krema
- 6 su bardağı tam yağlı süt
- 1 su bardağı yarı tatlı çikolata parçaları
- 1 yemek kaşığı vanilya özü
- 1 yemek kaşığı krem peynir
- 4 damla kırmızı gıda jeli

TALİMATLAR:
a) Yavaş pişiricinize tatlandırılmış yoğunlaştırılmış süt, çikolata parçaları, yoğun krema, süt ve vanilya özü ekleyin ve her saat karıştırarak 3 saat kısık ateşte pişirin. Yavaş pişiricide çikolata ve süt

b) Çikolata eridikten sonra krem peynir ve kırmızı gıda boyasını ekleyip karıştırın.

c) İsterseniz pişirmeye devam edin veya ısıtmak ve servis yapmak için ısıyı azaltın. Yavaş Tencerede Çikolata

d) Karışım tercihinize göre çok koyu olursa ilave süt veya su ile seyreltebilirsiniz. Berrak bir kupa kırmızı kadife sıcak çikolata

10. Kırmızı Kadife Muzlu Ekmek

Yapılışı: 2 somun

İÇİNDEKİLER:
- 1 kutu Red Velvet kek karışımı
- 3 büyük yumurta
- ⅓ su bardağı sıvı yağ
- 1½ su bardağı ezilmiş muz, yaklaşık 3 veya 4 muz
- 1 su bardağı kıyılmış ceviz

TALİMATLAR:
a) Fırını 350ºF'ye ısıtın. İki ekmek kalıbını yağlayıp unlayın.

b) Kuru kek karışımını, yumurtaları, yağı, ezilmiş muzları ve kıyılmış cevizleri iyice karışana kadar karıştırın. Hamuru hazırlanan tavalara dökün.

c) 30 ila 35 dakika veya ortasına batırılan kürdan temiz çıkana kadar pişirin.

d) Tavadan çıkarmadan önce fırından 10 dakika soğutma rafına çıkarın.

e) Bir tel raf üzerinde tamamen soğutun. İstenirse pudra şekeri serpin.

11. Kırmızı Kadife Mochi Waffle

Yapar: 8 porsiyon

İÇİNDEKİLER:
KIRMIZI KADİFE MOCHI Waffle İÇİN
- 1 ½ su bardağı süt
- 2 yumurta
- 2 yemek kaşığı kırmızı gıda boyası
- 1 çay kaşığı vanilya özü
- ½ çay kaşığı damıtılmış beyaz sirke
- 2 ½ bardak mochiko unu
- ½ su bardağı toz şeker
- 1 yemek kaşığı kabartma tozu
- 1 yemek kaşığı kakao tozu
- ½ çay kaşığı tuz

TALİMATLAR:
a) Waffle demirinizi önceden ısıtın.
b) Orta karıştırma kabına ıslak malzemeleri ekleyin ve iyice karışana kadar çırpın. Kenara koyun.
c) Daha sonra geniş bir karıştırma kabına kuru malzemeleri ekleyin.
d) İyice birleştirilene kadar çırpın.
e) Islak malzemeleri kuruya ekleyin ve sadece birleştirilene kadar karıştırın.
f) Waffle makinesinin yüzeyine yapışmaz pişirme spreyi sıkın. Hamuru waffle makinesine dökün ve hafifçe kızarana kadar pişirin.

12. Red Velvet Acı Naneli Çikolata

Yapar: 5 bardak

İÇİNDEKİLER

- 4 su bardağı yarım buçuk krema
- 7 ons beyaz pişirme çikolatası, doğranmış
- 2 ons sütlü çikolata, doğranmış
- ¼ ila ½ çay kaşığı kırmızı gıda boyası
- ¼ ila ½ çay kaşığı nane özü
- Tutam tuz
- Baston şekerler ve şekerlemeler

TALİMATLAR:

a) Büyük bir tencerede, kremayı orta ateşte tencerenin kenarlarında kabarcıklar oluşana kadar ısıtın.

b) Ateşten alın; çikolataları, gıda boyasını, özü ve tuzu pürüzsüz olana kadar çırpın. Isıya geri dönün; ısıtılana kadar pişirin ve karıştırın.

c) Kupalara dökün; şeker kamışı ve marshmallow ile doldurun.

13. Kırmızı kadife yulaf ezmesi

Yapar: 6

İÇİNDEKİLER
- 1 ½ su bardağı yulaf ezmesi
- 1 su bardağı Ayran
- 2 ½ su bardağı süt
- 2 Yemek Kaşığı Şeker
- 1 ½ yemek kaşığı kakao tozu
- ¼ çay kaşığı tuz
- 2-3 damla kırmızı gıda boyası
- 1 çay kaşığı vanilya özü

SOSU
- nar taneleri
- çikolata parçaları
- tercih edilen meyveler
- Fındık

TALİMATLAR
a) Tencereye süt, şeker, tuz, vanilya özü ve kakao tozu ekleyin.

b) Karıştırın ve ısıyı orta seviyeye getirin.

c) Yulafı süt-kakao karışımına ekleyin.

d) Gıda boyasını ekleyin ve tamamen pişene kadar orta ateşte pişirin.

e) Tamamen pişmesi yaklaşık 6 dakika sürer. Yanmayı önlemek için sürekli karıştırın.

f) Daha fazla süt ve tercih edilen malzemelerle servis yapın.

14. kırmızı kadifeahududu ve badem sütü

Yapar: 3

İÇINDEKILER:

- 1 su bardağı dondurulmuş ahududu
- ¼ fincan kollajen peptidleri
- ¼ fincan MCT yağı
- 2 yemek kaşığı chia tohumu
- 1 çay kaşığı toz pancar
- 1 çay kaşığı organik vanilya özü
- 4 damla sıvı stevia
- 1 ½ bardak badem sütü, şekersiz

TALIMATLAR:

a) Yüksek güçlü bir karıştırıcıda, tüm malzemeleri birleştirin ve pürüzsüz olana kadar karıştırın.

b) 3 servis kasesine dökün ve en sevdiğiniz garnitür ile servis yapın.

15. Kırmızı Kadife Yumurta Turşusu

Yapar: 6

İÇİNDEKİLER:

- 6 yumurta
- 1 su bardağı beyaz sirke
- 1 kutu pancar suyu
- ¼ su bardağı şeker
- ½ yemek kaşığı tuz
- 2 diş sarımsak
- 1 yemek kaşığı bütün karabiber
- 1 defne yaprağı

TALIMATLAR:

a) Su banyosunu 170 °F'ye önceden ısıtın.

b) Yumurtaları bir torbaya koyun. Torbayı kapatın ve banyoya yerleştirin. 1 saat pişirin.

c) 1 saat sonra soğuması için yumurtaları soğuk su dolu bir kaseye koyun ve dikkatlice soyun. Yumurtaları pişirdiğiniz poşette sirke, pancar suyu, şeker, tuz, sarımsak ve defne yaprağını karıştırın.

d) Bir torbadaki yumurtaları asitleme sıvısıyla değiştirin. Su banyosuna koyun ve 1 saat daha pişirin.

e) 1 saat sonra, asitleme sıvısı ile yumurtaları buzdolabına taşıyın.

f) Yemeden önce tamamen soğumaya bırakın.

16. Kırmızı kadife parmaklıklar

Yapar: 1 Porsiyon

İÇİNDEKİLER:
- 1 su bardağı ince doğranmış taze pancar
- 2 yemek kaşığı mısır nişastası
- 4 Yumurta sarısı çırpılır
- ½ çay kaşığı Şeker
- 3 yemek kaşığı ağır krema veya seyreltilmemiş buharlaştırılmış süt
- ½ çay kaşığı Öğütülmüş hindistan cevizi
- 1 çay kaşığı Tuz

TALIMATLAR:
a) Tüm malzemeleri bir karıştırma kabında birleştirin.
b) İyice karıştırın ve sıcak tereyağlı ızgarada veya ağır tavada gözleme tarzında pişirin.
c) Meyve marmelatı veya konserveleri ile servis yapın.

17. Kırmızı Kadife Hash

Yapar: 4

İÇİNDEKİLER:
- 1 pound pancar, soyulmuş ve doğranmış
- ½ pound Yukon Gold patates, temizlenmiş ve doğranmış
- Kaba tuz ve taze çekilmiş karabiber
- 2 yemek kaşığı sızma zeytinyağı
- 1 küçük soğan, doğranmış
- 2 yemek kaşığı kıyılmış taze maydanoz
- 4 büyük yumurta

TALİMATLAR:
a) Yüksek kenarlı bir tavada pancarları ve patatesleri suyla kaplayın ve kaynatın. Tuzla tatlandırın ve yumuşayana kadar yaklaşık 7 dakika pişirin. Tavayı boşaltın ve silin.

b) Yağı orta-yüksek ateşte bir tavada ısıtın. Haşlanmış pancar ve patatesleri ekleyin ve yaklaşık 4 dakika patatesler altın rengine dönene kadar pişirin. Isıyı ortama düşürün, soğanı ekleyin ve yumuşayana kadar yaklaşık 4 dakika karıştırarak pişirin. Baharatı ayarlayın ve maydanozda karıştırın.

c) Karmada dört geniş kuyu yapın. Her birine bir yumurta kırın ve yumurtayı tuzla baharatlayın. Beyazlar ayarlanana kadar pişirin, ancak sarılar hala 5 ila 6 dakika akıyor.

18. Kırmızı kadife Kahvaltı Pizza

Yapar: 6

İÇİNDEKİLER:
PİZZA KABUK İÇİN:
- 1 su bardağı haşlanmış ve püre haline getirilmiş pancar
- ¾ su bardağı badem unu
- ⅓ su bardağı esmer pirinç unu
- ½ çay kaşığı tuz
- 2 çay kaşığı kabartma tozu
- 1 yemek kaşığı hindistan cevizi yağı
- 2 çay kaşığı doğranmış biberiye
- 1 yumurta

SOSU:
- 3 yumurta
- 2 dilim pişmiş domuz pastırması ufalandı
- avokado
- peynir

TALİMATLAR
a) Fırını 375 dereceye ısıtın
b) Pizza kabuğu için tüm malzemeleri karıştırın
c) 5 dakika pişirin
d) Çıkarın ve bir kaşığın arkasını veya dondurma kalıbını kullanarak 3 küçük "kuyu" yapın
e) 3 yumurtayı bu "kuyulara" bırakın
f) 20 dakika pişirin
g) Üzerine peynir ve domuz pastırması koyun ve 5 dakika daha pişirin
h) Daha fazla biberiye, peynir ve avokado ekleyin.

MEZELER VE ATIŞTIRMALAR

19. Kırmızı Kadife Bombalar

Yapar: 10

İÇİNDEKİLER:
- 100 gram Bitter Çikolata, %90
- 1 Çay Kaşığı Vanilya Özü, Şekersiz
- ⅓ su bardağı Krem Peynir, Yumuşatılmış
- 3 yemek kaşığı Stevia
- 4 Damla Kırmızı Gıda Boyası
- ⅓ Bardak Esrar Ağır Krem Şanti

TALİMATLAR:
a) Çikolatanızı mikrodalgaya uygun bir kapta on saniyelik aralıklarla mikrodalgaya koyun.

b) Krem şanti hariç diğer tüm malzemeleri geniş bir karıştırma kabında birleştirin.

c) El mikseri ile karıştırarak tamamen pürüzsüz olduğundan emin olun.

d) Eritilmiş çikolatayı ekleyin ve iki dakika daha karıştırmaya devam edin.

e) Karışımı krema torbasının yarısına kadar doldurun, hazırladığınız fırın tepsisine sıkın ve kırk dakika buzdolabında bekletin.

f) Servis yapmadan önce üzerine bir parça krem şanti ekleyin.

20. Kırmızı Kadife Kabak Barları

Yapar: 4 Porsiyon

İÇİNDEKİLER:
- Küçük pişmiş pancar, 2
- Hindistan cevizi unu, ¼ su bardağı
- Organik kabak çekirdeği yağı, 1 yemek kaşığı
- Hindistan cevizi sütü, ¼ su bardağı
- Vanilya peynir altı suyu, ½ su bardağı
- %85 bitter çikolata, eritilmiş

TALİMATLAR:
a) Çikolata hariç tüm kuru malzemeleri birleştirin.
b) Sütü kuru malzemelerle karıştırın ve iyice bağlayın.
c) Orta boy çubuklar halinde şekillendirin.
d) Çikolatayı mikrodalgada eritin ve birkaç saniye soğumaya bırakın.
e) Şimdi her bir çubuğu eritilmiş çikolataya batırın ve iyice kaplayın.
f) Çikolata sertleşene ve sertleşene kadar soğutun.
g) Eğlence.

21. Kırmızı Kadife Fudge Protein Barları

Yapar: 4 Porsiyon

İÇİNDEKİLER:
- Kavrulmuş pancar püresi, 1 su bardağı
- Vanilya çekirdeği ezmesi, 1 çay kaşığı
- Şekersiz soya sütü, ½ su bardağı
- Fındık ezmesi, ½ su bardağı
- Pembe Himalaya tuzu, ⅛ çay kaşığı
- Ekstrakt, 2 çay kaşığı
- Çiğ stevia, ¾ bardak
- Yulaf unu, ½ su bardağı
- Protein tozu, 1 su bardağı

TALİMATLAR:
a) Tereyağını bir tencerede eritin ve yulaf unu, protein tozu, pancar püresi, vanilya, özüt, tuz ve stevia ekleyin. Kombine olana kadar karıştırın.
b) Şimdi soya sütü ekleyin ve iyice karışana kadar karıştırın.
c) Karışımı bir kaba aktarın ve 25 dakika buzdolabında bekletin.
d) Karışım katılaştığında 6 bara bölün ve afiyetle yiyin.

22. Kırmızı Kadife Köpek Maması

Yapar: 22

İÇİNDEKİLER:
- 15.25 ons kırmızı kadife kek karışımı
- 1 su bardağı pudra şekeri
- 12 ons beyaz çikolata
- 8 ons yarı tatlı çikolata
- 2 yemek kaşığı ağır krema, oda sıcaklığında
- 12 ons Chex gevreği
- 10 ons M&M's
- ⅛ Fincan renkli sprinkles

TALİMATLAR:
a) Fırınınızı 350 ° F'ye ısıtın.
b) Kırmızı kadife kek karışımını parşömen kağıdıyla kaplı bir fırın tepsisine yayın.
c) Fırında 5-8 dakika pişirin.Fırından çıkarın ve soğumaya bırakın.
d) Kek karışımını ve pudra şekerini tekrar kapatılabilen bir poşete ekleyin ve iyice karışması için çalkalayın. Bir tarafa koyun.
e) Bir kapta çikolatayı kırın ve mikrodalgada 30 saniyelik artışlarla çikolata tamamen eriyene kadar karıştırarak ısıtın.
f) Kremayı karıştırın.
g) Chex mısır gevreğini başka bir büyük karıştırma kabına ekleyin ve üzerine çikolatayı dökün.
h) Mısır gevreğini çikolata ile eşit şekilde kaplanana kadar dikkatlice karıştırın, ardından partiler halinde çikolata kaplı mısır gevreğini kek karışımı ve şekerle birlikte torbaya ekleyin ve tamamen kaplanana kadar çalkalayın.
i) Tahıl parçalarını parşömen kağıdıyla kaplı bir fırın tepsisine çıkarın.
j) Kalan mısır gevreği ile tekrarlayın, ardından parçaların yaklaşık bir saat kurumasını bekleyin.
k) M&Ms ve sprinkles ile karıştırın ve servis için bir kaseye koyun.

23. Kırmızı Kadife Parti Karışımı

Yapar: 12 Porsiyon

İÇİNDEKİLER:
- 6 su bardağı çikolatalı mısır gevreği
- ½ fincan paketlenmiş kahverengi şeker
- ⅓ fincan tereyağı
- 3 yemek kaşığı mısır şurubu
- 1 damla kırmızı jel gıda boyası
- 1 su bardağı Gıda Kek Karışımı
- ½ su bardağı kremalı krem peynirli buzlanma

TALİMATLAR:
a) Mikrodalgaya uygun büyük bir kaseye mısır gevreğini koyun; kenara koymak

b) Mikrodalgada orta derecede bir kapta, mikrodalgada kahverengi şeker, tereyağı, mısır şurubu, gıda boyası ve kek karışımı Yüksek seviyede açık.

c) Hemen mısır gevreğinin üzerine dökün; iyice kaplanana kadar fırlatın.

d) Yağlı kağıt üzerine yayın. 5 dakika soğutun.

e) Mikrodalgaya uygun küçük bir kaseye buzlanmayı koyun; Mikrodalga 20 saniye boyunca Yüksek'te açıldı.

f) Tahıl karışımı üzerinde gezdirin. Gevşek bir şekilde örtün.

24. Kırmızı Kadife Kek Topları

Yapar: 4 düzine

İÇİNDEKİLER:
- 15.25 onsluk kırmızı kadife kek karışımı paketi
- 1 su bardağı tam yağlı süt
- ⅓ fincan tuzlu tereyağı, eritilmiş
- 3 çay kaşığı vanilya özü, bölünmüş
- Tava için sebze katı yağı
- Tava için çok amaçlı un
- 8 onsluk paket krem peynir yumuşatılmış
- ½ bardak tuzlu tereyağı, yumuşatılmış
- 4 su bardağı pudra şekeri
- 30 ons beyaz eriyen gofret
- Kırmızı ve beyaz sprinkles ve zımpara şekerleri

TALİMATLAR:
a) Fırını 350 ° F'ye ısıtın. Kek karışımını, sütü, eritilmiş tereyağını ve 1 çay kaşığı vanilyayı, kürek eki takılmış ağır hizmet tipi bir mikserin kasesinde, iyice karışana kadar yaklaşık 1 dakika düşük hızda çırpın. Hızı ortama yükseltin ve 2 dakika çırpın. Hamuru yağlanmış ve unlanmış 13-x9 inçlik bir fırın tepsisine dökün.

b) Önceden ısıtılmış fırında, ortasına yerleştirilen tahta bir kürdan temiz çıkana kadar 24 ila 28 dakika pişirin. 15 dakika boyunca bir tel raf üzerinde bir tavada soğutun. Keki bir tel ızgara üzerine alın ve yaklaşık 2 saat tamamen soğumaya bırakın.

c) Bu arada, krem peynir ve yumuşatılmış tereyağını ağır hizmet tipi bir stand mikseri ile orta hızda kremsi olana kadar çırpın. Hızı düşürün ve yavaş yavaş pudra şekeri ve kalan 2 çay kaşığı vanilyayı ekleyin ve karışana kadar çırpın. Hızı orta-yüksek seviyeye yükseltin ve kabarık olana kadar 1 ila 2 dakika çırpın.

d) Soğuyan keki geniş bir kaba ufalayın. 2 bardak krem peynirli kremayı karıştırın.

e) Kek karışımını yaklaşık 1 inç çapında 48 topa yuvarlayın. Topları fırın tepsilerine yerleştirin ve plastik örtü ile örtün. 8 saat veya gece boyunca soğutun.

f) 1 paket eritilmiş gofreti orta büyüklükte mikrodalgaya uygun bir kapta paket üzerindeki talimatlara göre mikrodalgada eritin.

g) Bir çatal kullanarak ve her seferinde 1 kek topuyla çalışarak, topu erimiş gofretlere daldırın ve fazlalığın kaseye geri damlamasını sağlayın. Topu parşömen kağıdıyla kaplı bir fırın tepsisine yerleştirin ve hemen istenen miktarda serpinti veya zımpara şekeri serpin.

h) Kalan 15 kek topunu ve eritilmiş gofretleri bir kasede, her daldırma arasında bir çatal temizleyerek tekrarlayın.

i) Kâseyi silerek temizleyin ve kalan soğutulmuş kek topları ve 2 paket eritilmiş gofret ve istenen miktarda serpme ile 2 kez daha tekrarlayın. Servis yapmaya hazır olana kadar soğutun.

25. Kırmızı Kadife Trifle Bardaklar

Yapar: 4 Porsiyon

İÇİNDEKİLER
- Pişirme Spreyi
- 15,25 onsluk Kırmızı Kadife Kek Karışımı paketi
- 1 su bardağı az yağlı ayran veya su
- 3 yumurta
- ½ su bardağı bitkisel yağ
- 7 ons vanilya veya cheesecake hazır puding karışımı
- 4 su bardağı tam yağlı süt
- Servis için çırpılmış tepesi ve çikolata talaşı

TALİMATLAR:
a) Fırını 350 ° F'ye ısıtın.
b) Pişirme spreyi ile bir jöle rulo tavası püskürtün.
c) Kek karışımını, ayranı veya suyu, yumurtaları ve yağı büyük bir kapta elektrikli karıştırıcı ile düşük hızda, yaklaşık 30 saniye nemlendirilene kadar karıştırın.
d) Orta hızda 2 dakika çırpın. Tavaya dökün.
e) Ortasına batırdığınız kürdan temiz çıkana kadar 15 ila 18 dakika pişirin.
f) Pastayı tamamen soğuyana kadar bir tel ızgara üzerinde bir tavada soğutun.
g) 120 küçük kareye kek yapmak için tırtıklı bir bıçak kullanın.
h) Pudingi paketteki tarife göre hazırlayın.
i) Servis bardağına 10 adet kek küpü koyun ve eşit şekilde puding ile kaplayın.
j) Her küçük bardağı çırpılmış tepesi ve çikolata talaşı ile doldurun.

26. Kırmızı Kadife Peynir Topu

Yapar: 16 Porsiyon

İÇİNDEKİLER
- 8 ons krem peynir, oda sıcaklığı
- ½ su bardağı tuzsuz tereyağı, oda sıcaklığında
- 15.25 ons kutu kırmızı kadife kek karışımı, kuru
- ½ su bardağı pudra şekeri
- 2 yemek kaşığı esmer şeker
- ½ fincan mini çikolata parçaları
- servis için vanilyalı kurabiye/graham kraker

TALİMATLAR:
a) Kürek ataşmanlı bir stand mikserin kasesinde, krem peynir ve tereyağını pürüzsüz olana kadar çırpın.

b) Kek karışımını, pudra şekerini ve esmer şekeri ekleyin. İyice karışana kadar karıştırın.

c) Karışımı büyük bir plastik sargı parçası üzerine kazıyın. Karışımı bir top haline getirmek için sargıyı kullanın. Yaklaşık 30 dakika, işlenecek kadar sert olana kadar plastik ambalajda soğutun.

d) Çikolata parçacıklarını bir tabağa koyun. Peynir topunu açın ve çikolata parçalarına sarın.

e) Vanilyalı kurabiye, graham kraker vb. ile servis yapın.

27. Kırmızı Kadife Cheesecake Brownie Isırıkları

Yapar: 30 kek ısırığı

İÇİNDEKİLER:
BROWNİLER İÇİN:
- 8 yemek kaşığı tuzsuz tereyağı, eritilmiş
- 1 su bardağı şeker
- ¼ fincan şekersiz kakao tozu
- ½ çay kaşığı vanilya özü
- 1 yemek kaşığı kırmızı gıda boyası
- ⅛ çay kaşığı tuz
- ½ çay kaşığı beyaz sirke
- 2 büyük yumurta, hafifçe çırpılmış
- ¾ bardak çok amaçlı un

PEYNİRLİ DOLGU İÇİN:
- 8 onsluk paket krem peynir yumuşatılmış
- 3 yemek kaşığı şeker
- ½ çay kaşığı vanilya özü
- 1 büyük yumurta sarısı

TALİMATLAR:

BROWNİ HAMURUNUN HAZIRLANMASI:

a) Fırını 350ºF'ye önceden ısıtın. Mini muffin tepsisini pişirme spreyi ile yağlayın.

b) Büyük bir kapta eritilmiş tereyağı, şeker, kakao tozu, vanilya özü, gıda boyası ve tuzu bir araya gelene kadar karıştırın ve ardından beyaz sirkeyi ekleyin.

c) Yumurtaları ekleyin ve birleştirilene kadar karıştırın. Birleştirilene kadar unu katlayın. Brownie karışımını kenara alın.

Cheesecake DOLGUSUNU YAPIN:

d) Kürek eki ile donatılmış bir stand mikserin kasesinde, krem peyniri şeker, vanilya özü ve yumurta sarısı ile bir araya gelene kadar çırpın. Cheesecake karışımını sıkma torbasına veya ağzı kapalı bir plastik torbaya aktarın ve ucunu kesin.

e) Küçük bir dondurma kullanarak mini muffin tepsisinin her bir oyuğuna yaklaşık 1 çorba kaşığı kek hamuru koyun. Cheesecake karışımından 1 tatlı kaşığı kek hamurunun üzerine sıkın ve cheesecake karışımına 1 çay kaşığı kek hamuru ekleyin. Bir kürdan kullanarak kek hamuru ve cheesecake karışımını birlikte döndürün.

f) Kek parçalarını yaklaşık 12 dakika veya cheesecake karışımı tamamen pişene kadar pişirin. Brownie parçalarını fırından çıkarın ve çıkarmadan önce tavada yaklaşık 5 dakika soğumalarını bekleyin.

28. Kırmızı Kadife Patlamış Mısır

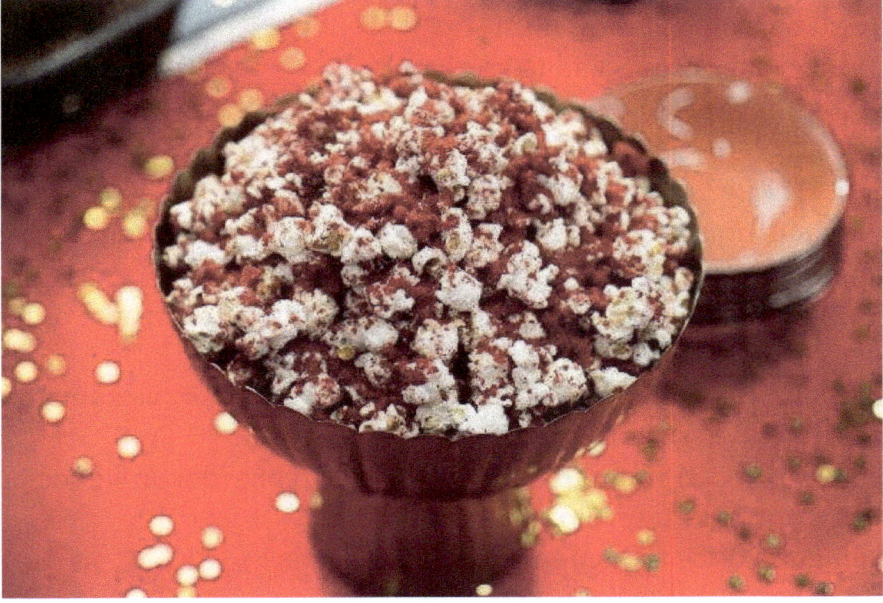

Yapar: 8 porsiyon

İÇİNDEKİLER
● 16 su bardağı patlamış mısır
● 3 su bardağı kırmızı kadife kek kırıntısı
● 20 ons beyaz çikolata veya beyaz eriyen şeker

TALİMATLAR
a) Patlamış mısırı hava tabancası kullanarak büyük bir kaseye doldurun.

b) Beyaz çikolatanızı paketin üzerindeki tarife göre eritin. Beyaz çikolata için ben benmari usulü kullanıyorum.

c) Eritilmiş çikolatayı patlamış mısırın üzerine dökün ve tamamen kaplamak için karıştırın.

d) Patlamış mısırı mumlu kağıt kaplı bir tezgaha dökün ve kırmızı kadife kırıntılarınızı serpin.

e) Yemeden önce tamamen kurumasını bekleyin.

29. Kırmızı Kadife Pirinç Krispies

Yapar: 12 porsiyon

İÇİNDEKİLER
- 10.5 ons mini marshmallow
- 3 yemek kaşığı tereyağı
- ½ çay kaşığı
- ¾ fincan kırmızı kadife kek karışımı
- 6 su bardağı çıtır pirinç gevreği
- ½ çay kaşığı kırmızı gıda boyası isteğe bağlı

TALİMATLAR
a) Orta-düşük ısıda büyük bir tencerede tereyağını ve mini şekerlemeleri eritin.

b) Marshmallowlar tamamen eriyince vanilya ve kırmızı kadife kek karışımını ekleyin. Daha kırmızı olması gerektiğini düşünüyorsanız, bu noktada gıda boyası ekleyin.

c) Ateşten alın ve eşit şekilde kaplanana kadar pirinç krisplerini hafifçe karıştırın.

d) Hepsi bir kez birleştirildiğinde, köpük tepsiler arasında eşit olarak bölün.

e) Tepsileri plastik örtü ile örtün ve servis yapın.

30. kırmızı kadife cips

Yapar: 1

İÇİNDEKİLER:

- 4 orta boy pancar, durulayın ve ince dilimleyin
- 1 çay kaşığı deniz tuzu
- 2 yemek kaşığı zeytinyağı
- Humus, servis için

TALIMATLAR:

a)   Hava fritözünü 380°F'ye önceden ısıtın.

b)   Büyük bir kapta pancarları iyice kaplanana kadar deniz tuzu ve zeytinyağı ile atın.

c)   Pancar dilimlerini hava fritözüne koyun ve tek kat halinde yayın.

d)   10 dakika kızartın. Karıştırın, ardından 10 dakika daha kızartın. Tekrar karıştırın, ardından son 5 ila 10 dakika veya cipsler istenen gevrekliğe ulaşana kadar kızartın.

e)   En sevdiğiniz humus ile servis yapın.

31. Dereotu ve Sarımsaklı Pancar

Yapar: 2 Porsiyon

İÇİNDEKİLER:

- 4 pancar, temizlenmiş, soyulmuş ve dilimlenmiş
- 1 diş sarımsak, kıyılmış
- 2 yemek kaşığı kıyılmış taze dereotu
- ¼ çay kaşığı tuz
- ¼ çay kaşığı karabiber
- 3 yemek kaşığı zeytinyağı

TALIMATLAR:

a) Hava fritözünü 380°F'ye önceden ısıtın.

b) Büyük bir kapta, pancarların yağ ile iyice kaplanması için tüm malzemeleri karıştırın.

c) Pancar karışımını fritöz sepetine dökün ve karıştırmadan önce 15 dakika kavurun, ardından 15 dakika daha kavurmaya devam edin.

32. Kırmızı kadife meze salatası

Yapar: 4 Porsiyon

İÇİNDEKİLER

- 2 pound Pancar
- Tuz
- ½ İspanyol soğanı, doğranmış
- 4 Domates, kabuklu, çekirdeksiz ve küp doğranmış
- 2 yemek kaşığı Sirke
- 8 yemek kaşığı zeytinyağı
- Siyah zeytin
- 2 diş sarımsak, doğranmış
- 4 yemek kaşığı İtalyan maydanozu, kıyılmış
- 4 yemek kaşığı kişniş, doğranmış
- 4 orta boy Patates, haşlanmış
- Tuz ve biber
- Acı kırmızı biber

TALIMATLAR:

a) Pancarların uçlarını kesin. İyice yıkayın ve kaynayan tuzlu suda yumuşayana kadar pişirin. Akan soğuk su altında derileri boşaltın ve çıkarın. Zar.

b) Pansuman malzemelerini karıştırın.

c) Pancarları bir salata kasesinde soğan, domates, sarımsak kişniş ve maydanozla birleştirin. Sosun yarısını üzerine dökün, hafifçe karıştırın ve 30 dakika soğutun. Patatesleri dilimleyin, sığ bir kaseye koyun ve kalan sosla birlikte atın. Sakin olmak.

d) Bir araya getirmeye hazır olduğunuzda, sığ bir kasenin ortasına pancar, domates ve soğanı ve etraflarında bir halka şeklinde patatesleri düzenleyin. Zeytin ile süsleyin.

33. Pancar tekneleri

Yapar: 6 porsiyon

İÇİNDEKİLER:

- 8 küçük Pancar
- 10 ons Yengeç eti, konserve veya taze
- 2 çay kaşığı kıyılmış taze maydanoz
- 1 çay kaşığı Limon suyu

TALIMATLAR:

a) Pancarları 20-40 dakika veya yumuşayana kadar buharda pişirin. Soğuk suyla durulayın, soyun ve soğumaya bırakın. Bu sırada yengeç eti, maydanoz ve limon suyunu karıştırın.

b) Pancarlar soğuduğunda, ikiye bölün ve bir kavun balyası veya çay kaşığı ile ortalarını oyup oyuk yapın. Yengeç karışımı ile doldurun.

c) Bir meze olarak veya tavada kızartılmış pancar yeşillikleri ile birlikte öğle yemeği için servis yapın.

34. Kırmızı kadife börek

Yapar: 6 porsiyon

İÇİNDEKİLER:

- 2 su bardağı rendelenmiş çiğ pancar
- ¼ fincan Soğan, doğranmış
- ½ su bardağı ekmek kırıntısı
- 1 büyük Yumurta, dövülmüş
- ¼ çay kaşığı Zencefil
- Tatmak için biber ve tuz

TALIMATLAR:

a) Tüm malzemeleri karıştırın. Kızgın, yağlanmış bir kalburun üzerine gözleme büyüklüğünde porsiyonlar halinde yayın.

b) Kahverengi olana kadar pişirin, bir kez çevirin.

c) Tereyağı, ekşi krema, yoğurt veya bunların herhangi bir kombinasyonu ile servis yapın.

ANA DİL

35. Kırmızı Kadife Çorbası

Yapar: 2

İÇİNDEKİLER
- ½ bardak pancar, doğranmış
- ½ fincan havuç, doğranmış
- ½ fincan domates, doğranmış
- ¼ fincan bölünmüş ve derili kırmızı mercimek
- 1 soğan
- 4-5 diş sarımsak
- 1 tatlı kaşığı tereyağ
- 1 yemek kaşığı badem şeritleri
- 1 çay kaşığı karabiber tozu
- tuz tatmak

TALİMATLAR
a) Tereyağını/sıvı yağı basınçlı bir tavada ısıtın ve soğan ve sarımsağı soteleyin.

b) Tüm sebze zarlarını ve yıkanmış mercimekleri ekleyin ve bir süre soteleyin.

c) Üzerine bir su bardağı su ilave edip düdüklüde pişirin.

d) Sonra püre haline getirin ve bir elek veya kevgirden geçirin.

e) İstediğiniz kalınlığa göre bir bardak veya daha fazla su ekleyin.

f) Tuz ve karabiber ekleyip 5-7 dakika kısık ateşte pişirin.

36. Pancar ve Mozzarella ile kırmızı kadife salatası

Yapar: 4 porsiyon

İÇİNDEKİLER
- ½ kırmızı lahana
- ½ limon suyu
- 3 yemek kaşığı pancar suyu
- 3 yemek kaşığı agav şurubu
- 3 haşlanmış pancar
- 150 gr Mozzarella peyniri küçük toplar
- 2 yemek kaşığı ince kıyılmış maydanoz
- 2 yemek kaşığı kavrulmuş çam fıstığı

TALİMATLAR
a) Kırmızı lahanayı soyucu ile ince şeritler halinde kesin.

b) Bir karıştırma kabı alın ve pancar suyunu 2 yemek kaşığı agave şurubu ve yarım misket limonu suyuyla karıştırın.

c) Bunu doğranmış kırmızı lahana ile karıştırın ve yarım saat marine etmeye bırakın.

d) Daha sonra lahanayı bir elek içine süzün.

e) Pişen kırmızı pancarlardan Parisienne kaşığı ile küçük toplar elde edin.

f) Bu topları 1 yemek kaşığı agave şurubu ile serpin.

g) Çam fıstıklarını bir tavada altın sarısı renk alana kadar kavurun. Süzülmüş kırmızı lahanayı bir tabağa alın.

h) Üzerine kırmızı pancarları ve Mozzarella toplarını koyun. Çam fıstığını ve ince kıyılmış frenk soğanı en üste paylaştırın.

37. Kırmızı Kadife Tavuk Parmakları

Yapar: 12

İÇİNDEKİLER:
- 12 adet tavuk bonfile
- 1 ½ su bardağı un
- Bir tutam tuz
- 1 ½ yemek kaşığı kabartma tozu
- ¼ fincan pudra şekeri
- 2 yemek kaşığı toz kakao
- 1 ⅔ bardak süt
- 1 çay kaşığı vanilya özü
- 1 ons kırmızı gıda boyası
- 1 yumurta
- 5 büyük buz küpü
- ekstra un
- kızartmalık yağ

TALİMATLAR:
a) Islak malzemeleri çok iyi çırpın.

b) Kuru malzemeleri karıştırın.

c) Islak malzemelere buzu ekleyin, ardından kuru malzemelere dökün. Birleştirilene kadar karıştırın.

d) Tavuğu tuz serpin, una bulayın ve hamura batırın.

e) Tavuk tamamen pişene kadar 350 ° F'de 5 dakika kızartın, gerekirse ters çevirin.

f) Soğutmaya ayarlayın. Hemen tuzlayın. Ballı hardal, barbekü sosu veya diğer tercih edilen çeşnilerle servis yapın.

38. Kırmızı Kadife Burger

Yapar: 4 Porsiyon

İÇİNDEKİLER
- 2-3 dal kekik, doğranmış
- ½ bardak pancar suyu
- 1⁄2 küp yaş maya
- 1 yumurta, ayrılmış
- 250 gr buğday unu
- 1 yemek kaşığı şeker
- yaklaşık 1 çay kaşığı tuz
- 40 gr yumuşak tereyağı
- 1 diş sarımsak
- 1 yemek kaşığı kapari
- 120 gram mayonez
- öğütücüden biber
- 4-8 marul yaprağı, durulanmış ve kurutulmuş
- 1 avuç pancar filizi, durulanmış ve kurutulmuş
- 500 gr kıyma
- 1 yemek kaşığı zeytinyağı
- 1 mini salatalık, dilimlenmiş

TALİMATLAR:

a) Pancar suyunu ısıtın, mayayı ufalayın ve karıştırarak eritin.

b) Maya karışımı, un, şeker, 1/2 çay kaşığı tuz, tereyağı, kekik yapraklarının yarısı ve yumurta sarısını pürüzsüz bir hamur olacak şekilde yoğurun, üzerini örtün ve ılık bir yerde 1 saat mayalanmaya bırakın.

c) Hamuru yoğurun, 4 yassı burger ekmeği şekli verin ve 20 dakika daha kabarmaya bırakın.

d) Fırını 200°C'ye önceden ısıtın.

e) Ruloların üzerine yumurta beyazı sürün, kalan kekik serpin ve fırında 15-20 dakika pişirin.

f) Çörekler bir tel raf üzerinde soğumaya bırakın.

g) Aioli için sarımsağı soyun ve kapari ile birlikte ince ince doğrayın.

h) Mayonezi sarımsak ve kapari ile karıştırın ve tuz ve karabiber ekleyin.

i) Kıymayı tuz ve karabiberle tatlandırıp 4 adet burger köftesi haline getirin, ızgara tavasında kızdırılmış yağda her iki tarafını 4-5 dakika kızartın.

j) Çörekleri açın, her iki yarısının kesik yüzeylerine aioli ile yayın, alt kısımlarını marul, burger köftesi, salatalık dilimleri ve pancar filizleriyle kaplayın, üst yarılarla örtün ve servis yapın.

39. Pancarlı kırmızı kadife uskumru

Yapar: 4 Porsiyon

İÇİNDEKİLER

- 2 İspanyol uskumru (her biri yaklaşık 2 pound), ölçeklendirilmiş ve temizlenmiş, solungaçları çıkarılmış
- 2¼ bardak Rezene Salamura
- 1 yemek kaşığı zeytinyağı
- 1 orta boy soğan, ince kıyılmış
- 2 orta boy pancar, kavrulmuş, haşlanmış, ızgara veya konserve; ince doğranmış
- 1 turta elma, soyulmuş, özlü ve ince doğranmış
- 1 diş sarımsak, kıyılmış
- 1 yemek kaşığı ince doğranmış taze dereotu veya rezene yaprakları
- 2 yemek kaşığı taze keçi peyniri
- 1 misket limonu, 8 dilime bölünmüş

TALIMATLAR:

a) Balığı durulayın ve tuzlu su ile 1 galonluk fermuarlı bir torbaya koyun, havayı dışarı doğru bastırın ve torbayı kapatın. 2 ila 6 saat buzdolabında bekletin.

b) Yağı büyük bir tavada orta ateşte ısıtın. Soğanları ekleyin ve yumuşayana kadar yaklaşık 3 dakika soteleyin. Pancarları ve elmayı ekleyin ve elma yumuşayana kadar yaklaşık 4 dakika soteleyin. Sarımsak ve dereotu ilave edin ve yaklaşık 1 dakika boyunca ısıtın. Karışımı oda sıcaklığına soğutun ve keçi peynirini ekleyin.

c) Bu arada, yaklaşık 375¡F'lik doğrudan orta ısı için bir ızgara yakın.

d) Balıkları tuzlu sudan çıkarın ve kurulayın. Tuzlu suyu atın. Balığın boşluklarını soğutulmuş pancar ve elma karışımı ile doldurun ve gerekirse ip ile sabitleyin.

e) Izgara ızgarasını fırçalayın ve yağla kaplayın. Balığı derisi çıtır çıtır olana ve balık yüzeyde opak görünene ancak ortası hala ince ve nemli olana (anında okunan bir termometrede 130¼F), her bir tarafta 5 ila 7 dakika olana kadar ızgara yapın. Balıkları servis tabağına alın ve limon dilimleri ile servis yapın.

40. kırmızı kadife risotto

Yapar: 4

İÇİNDEKİLER:
- 50 gr tereyağı
- 1 soğan, ince kıyılmış
- 250 gr risotto pirinci
- 150ml beyaz şarap
- 1 litre sebze suyu
- 300 gr haşlanmış pancar
- 1 limon, kabuğu rendelenmiş ve suyu sıkılmış
- küçük bir demet düz yapraklı maydanoz, kabaca doğranmış
- 125 gr yumuşak keçi peyniri
- bir avuç ceviz, kızartılmış ve doğranmış

TALIMATLAR:
41. Tereyağını derin bir tavada eritin ve soğanı biraz baharatla yumuşayana kadar 10 dakika pişirin. Pirinci ekleyin ve her tane kaplanana kadar karıştırın, ardından şarabı dökün ve 5 dakika köpürtün.

42. Karıştırırken bir seferde bir kepçe stok ekleyin, yalnızca önceki parti emildikten sonra daha fazlasını ekleyin.

43. Bu arada, pancarın ½'sini alın ve küçük bir karıştırıcıda pürüzsüz olana kadar çırpın ve kalanını doğrayın.

44. Pirinç piştikten sonra, çırpılmış ve doğranmış pancarları, limon kabuğu rendesini ve suyunu ve maydanozun çoğunu karıştırın. Tabaklara paylaştırın ve üzerini ufalanmış keçi peyniri, ceviz ve kalan maydanozla süsleyin.

45. kırmızı kadifeKaydırıcılar

Yapar: 4 Porsiyon

İÇİNDEKİLER:
PANCAR
- 1 diş sarımsak, hafifçe ezilmiş ve soyulmuş
- 2 havuç soyulmuş, doğranmış
- Tuz ve karabiber serpin
- 1 soğan, soyulmuş ve dörde bölünmüş
- 4 pancar
- 1 yemek kaşığı kimyon tohumu
- 2 sap kereviz durulanmış, kesilmiş

PANSUMAN:
- ½ su bardağı mayonez
- ⅓ su bardağı ayran
- ½ su bardağı kıyılmış maydanoz, frenk soğanı, tarhun veya kekik
- 1 yemek kaşığı taze sıkılmış limon suyu
- 1 çay kaşığı hamsi ezmesi
- 1 diş sarımsak kıyılmış
- Tuz biber

SÜSLEME:
- kaymak çörekler
- 1 ince dilimlenmiş kırmızı soğan
- Bir Avuç Karışık Mikro Yeşillik

TALİMATLAR:

PANSUMAN

a) Ayran, otlar, mayonez, limon suyu, hamsi ezmesi, sarımsak, tuz ve karabiberi birleştirin.

PANCAR

b) Hollandalı bir fırında pancar, kereviz, havuç, soğan, sarımsak, kimyon, tuz ve karabiberi 55 dakika kaynatın.

c) Pancarları soyun ve dilimler halinde dilimleyin.

d) Pancar dilimlerini pişirme spreyi kaplı bir tavada her iki tarafını 3 dakika soteleyin.

MONTAJLAMA

e) Sürgülü çörekleri bir tabağa yerleştirin ve üzerlerine pancar, salata sosu, kırmızı soğan ve mikro yeşillikler ekleyin.

f) Eğlence.

46. Amaranth & Keçi Peynirli Karides

Yapar: 4

İÇİNDEKİLER:

- 2 Pancar Spiralize
- 4 ons Keçi Peyniri Yumuşatılmış
- ½ su bardağı Roka Mikro Yeşillikler Hafifçe doğranmış
- ½ fincan Amaranth Microgreens Hafifçe doğranmış
- 1 pound Karides
- 1 su bardağı kıyılmış ceviz
- ¼ su bardağı Ham Şeker Kamışı
- 1 yemek kaşığı Tereyağı
- 2 yemek kaşığı Natürel Sızma Zeytinyağı

TALİMATLAR:

a) Hazırlıklara başlamadan önce keçi peynirini 30 dakika yumuşamaya bırakın.

b) Fırını 375 dereceye ısıtın

c) Bir tavayı orta ateşte ısıtın.

d) Tavaya ceviz, şeker ve tereyağı ekleyin ve orta ateşte sık sık karıştırın.

e) Şeker erimeye başlayınca sürekli karıştırın.

f) Cevizler kaplanınca hemen bir parşömen kağıdına aktarın ve birbirine yapışıp sertleşmemeleri için cevizleri ayırın. kenara koymak

g) Pancarları spiral şeklinde kesin.

h) Spiralleri zeytinyağı ve deniz tuzu ile atın.

i) Pancarları bir kurabiye tepsisine yayın ve fırında 20-25 dakika pişirin.

j) Karidesleri durulayın ve bir tencereye ekleyin.

k) Bir tencereye su ve deniz tuzu doldurun. kaynatın.

l) Suyu boşaltın ve pişirmeyi durdurmak için buz banyosuna koyun.

m) Roka mikro yeşilliklerini kesin ve hafifçe doğrayın. Kenara koyun.

n) Yumuşatılmış peynire mikro yeşillikler ekleyin ve her bir mikro yeşillikten birkaç tutam ayırın.

o) Mikro yeşillikleri ve peyniri karıştırın.

p) Peynir karışımını bir top haline getirin.

q) Plaka pancar.

r) Pancarların üzerine birer kaşık peynir ekleyin.

s) Cevizleri tabağın etrafına yerleştirin.

t) Karides ekleyin ve kalan mikro yeşillikler, tuz ve karabiber serpin.

47. Taze pancar sosu ile ızgara deniz tarağı ve lahana

Yapar: 4 porsiyon

İÇİNDEKİLER:
- 1¼ su bardağı taze pancar suyu
- meyveli zeytinyağı
- 1 çay kaşığı Beyaz şarap sirkesi
- Koşer Tuz; tatmak
- taze çekilmiş karabiber; tatmak
- 1¼ pound Taze deniz tarağı
- Birkaç damla taze limon suyu
- 1 pound Genç lahana yaprağı; sert merkez çekirdek kaldırıldı
- Birkaç damla Sherry sirkesi
- taze frenk soğanı; çubuklar halinde kesmek
- Küçük küp sarı dolmalık biber

TALIMATLAR:

a) Pancar suyunu reaktif olmayan bir tencereye koyun ve yaklaşık ½ bardağa kadar kaynatın.

b) Ateşin dışında, sosu kalınlaştırmak için 2 ila 3 yemek kaşığı zeytinyağını yavaşça çırpın. Beyaz şarap sirkesi, tuz ve karabiberle tatlandırın. Kenara koyun ve sıcak tutun.

c) Tarakları hafifçe yağlayın ve tuz, karabiber ve birkaç damla limon suyu ekleyin.

d) Lahana yapraklarını yağla fırçalayın ve hafifçe baharatlayın. Yapraklar hafifçe kömürleşene ve tamamen pişene kadar lahanayı her iki taraftan ızgara yapın.

e) Deniz tarağı yeni pişene kadar ızgara yapın (ortası biraz opak olmalıdır). Lahanayı sıcak tabakların ortasına çekici bir şekilde yerleştirin ve üzerine birkaç damla şeri sirkesi gezdirin.

f) Üzerine deniz tarağı koyun ve etrafına pancar sosu gezdirin. Frenk soğanı çubukları ve sarı biberle süsleyin ve hemen servis yapın.

ÇORBA

48. pancar pancar çorbası

Yapar: 2 Porsiyon

İÇİNDEKİLER:
- 1 bütün pancar olabilir
- 4 su bardağı su
- 1 bütün soğan, soyulmuş
- tuz
- 2 tepeleme yemek kaşığı şeker
- ¼-½ çay kaşığı ekşi tuz

TALİMATLAR:
a) Soğanı 10 dakika suda haşlayın. Rendelenmiş (kıyılmış) pancarları suyu ve diğer tüm malzemelerle ekleyin.

b) 5 dakika kaynatın. Daha.

c) Baharatları tadın ve ayarlayın.

d) Sıcak veya soğuk servis yapın.

49. Lahana ve pancar çorbası

Yapar: 8 Porsiyon

İÇİNDEKİLER:
- 1 adet Akdeniz Lahanası; dilimlenmiş veya kama
- 3 Sarımsak; kıyılmış karanfil
- Pancar; demet
- 3 Havuç; bir kaç
- 1 lt Soğan
- 2 Kereviz; 3'e bölünmüş saplar
- 3 pound Kemik; et/ilik kemikleri
- 2 Limon
- 2 kutu Domates; boşaltma

TALIMATLAR:
a) Et ve kemikleri 8 veya 12 qt'lik bir tencereye koyun. Domates kutularına koyun, suyla kaplayın ve kaynatın.

b) Bu arada sebzelerinizi hazırlayın. Pancar ve havucu dilimleyin, diğerleri bütün halinde. Stok kaynadığında, üstünü sıyırın.

c) Pancar, havuç, sarımsak ve diğer sebzeleri koyun. Isıyı bir kaynamaya getirin ve kapağı eğik tutun.

d) Yaklaşık bir saat sonra sarımsak ve şekeri koyun.

50. Pancar ve ayran çorbası

Yapar: 6 Porsiyon

İÇİNDEKİLER:

- 5 pancar
- 3 su bardağı ayran
- ¾ bardak Doğranmış yeşil soğan
- ⅔ bardak Hafif ekşi krema
- 2 yemek kaşığı kıyılmış taze dereotu veya kişniş
- 1½ çay kaşığı Toz şeker
- 1½ çay kaşığı Beyaz sirke
- ¼ çay kaşığı Tuz
- 1 su bardağı Salatalık; (soyulmadan doğranmış)
- Taze dereotu veya kişniş dal

TALİMATLAR:

a) Kaynayan tuzlu su dolu bir tencerede, pancarları yumuşayıncaya ve kabukları kolayca ayrılıncaya kadar yaklaşık 25 dakika kadar örtün ve pişirin. Süzün ve soğumaya bırakın; derileri soyun ve ¼ inçlik (5 mm) zarlar halinde kesin. Örtün ve soğuyana kadar soğutun.

b) Büyük bir kapta ayran, ½ su bardağı (125 mL) soğan, ekşi krema, dereotu, şeker, sirke ve tuzu birlikte çırpın. Örtün ve soğuyana kadar veya 6 saate kadar soğutun. Tatlandırın ve baharatı ayarlayın.

c) Ayran karışımını servis kaselerine paylaştırın. Pancar ve salatalıkta çevirin.

d) Kalan yeşil soğan ve dereotu veya kişniş dallarıyla süsleyin.

51. pancar köri

Yapar: 4 porsiyon

İÇİNDEKİLER:
- 3 yemek kaşığı Tereyağı
- 1 tutam kimyon tohumu
- 1 adet defne yaprağı
- 2½ yemek kaşığı Dilimlenmiş soğan
- ¼ çay kaşığı Cayenne
- ¼ çay kaşığı Garam masala
- 1 orta boy Patates, doğranmış
- ½ su bardağı yeşil bezelye
- 15 ons Pancar, pişmiş ve doğranmış
- ½ çay kaşığı Tuz

TALIMATLAR:
a) Yağı ısıtın ve kimyon tohumları, defne yaprağı, baharatlı soğan, kırmızı biber ve garam masalayı 1 dakika kızartın.
b) Patates, bezelye ve pancar ekleyin ve 2 dakika hafifçe pişirin. Tuz ve biraz su ekleyin.
c) Patates yumuşayana kadar hafifçe pişirin.
d) Pirinç üzerine servis yapın.

52. Kremalı pancar çorbası

Yapar: 6 porsiyon

İÇİNDEKİLER:
- 1 pound Pancar, soyulmuş ve iri kıyılmış (yaklaşık 3 orta boy)
- 1 büyük Soğan, iri kıyılmış
- 1 taze mercanköşk dalı VEYA
- 1 çay kaşığı Kuru kıyılmış taze kekik
- 3 yemek kaşığı tuzsuz tereyağı
- 1 litre Tavuk veya sebze suyu
- ½ su bardağı ağır krema
- 2 yemek kaşığı İyi kırmızı şarap sirkesi
- Tuz
- Biber
- ½ su bardağı Ağır krema, hafifçe çırpılmış
- küçük krutonlar
- ¼ su bardağı dereotu veya mercanköşk gibi kıyılmış taze otlar

TALIMATLAR:

a) Pancar, soğan ve mercanköşk tereyağında 4 litrelik bir tencerede orta ateşte soğan hafifçe yumuşayana kadar yaklaşık 10 dakika pişirin. Et suyunu ekleyin, tencerenin kapağını kısmen kapatın ve pancarlar tamamen yumuşayana kadar yaklaşık 30 dakika pişirin.

b) Tahta bir kaşıkla tencerenin kenarına bir tane ezmeye çalışarak kontrol edin. Gerekirse daha uzun süre kaynatın.

c) Çorbayı bir blender veya mutfak robotunda püre haline getirin. Çorbanın daha pürüzsüz olmasını istiyorsanız orta delikli bir süzgeçten geçirin. Krema veya sirke ekleyin ve çorbayı tekrar kaynama noktasına getirin. Tuz ve karabiber serpin.

d) Servis yapmak için kaselere koyun ve krem şanti, kruton ve otlar ile süsleyin veya garnitürleri ayrı olarak servis edin ve yemek yiyenlerin kendilerine yardımcı olmasına izin verin.

53. Ispanak ve pancar çorbası

Yapar: 8 Porsiyon

İÇİNDEKİLER:

- ½ su bardağı nohut
- 2 su bardağı Ispanak; kıyılmış
- 1 su bardağı barbunya
- 1 su bardağı taze dereotu -veya-
- ¼ su bardağı Kuru dereotu
- 1 su bardağı Mercimek
- 4 Pancar; soyulmuş ve küp şeklinde küçük
- 1 büyük Soğan; kıyılmış (kadar)
- 2 yemek kaşığı Un (kadar)
- 2 Çorba kemiği; isteğe bağlı
- Kızarmış soğan ve kuru nane yaprakları (süslemek için)
- Tatmak için tuz ve karabiber
- Kızartmak için sıvı yağ (kadar)
- 8 su bardağı Su

TALIMATLAR:

a) Nohut ve barbunyayı 2 saat veya geceden ıslatın. Mercimekleri 1-2 su bardağı suda yumuşayıncaya kadar pişirin, ancak lapa haline gelmesin ve bir kenara koyun.

b) Kemikleri ve soğanları büyük bir su ısıtıcısında yağda kızartın. Tatmak için baharatlayın ve su, nohut, barbunya ve pancar ekleyin. Nohutlar yumuşayana kadar pişirin.

c) Kemikleri çıkarın ve ıspanak, dereotu ve mercimek ekleyin. Ara sıra karıştır. Bu sırada unu biraz sıvı yağda kavurun ve kıvam alması için çorbaya ekleyin.

d) Çorbayı kısık ateşte koyun ve pişene kadar sık sık karıştırın. Servis tabağına alın ve üzerini kızarmış soğan veya kızgın yağa eklenmiş kuru nane yaprakları ile süsleyerek servis edin.

54. Kırmızı Kadife Çorbası

Yapar: 2 Porsiyon

İÇİNDEKİLER:
- 1 büyük pancar
- 1 su bardağı su
- 2 tutam kimyon tozu
- 2 tutam biber
- 1 tutam tarçın
- 4 tutam tuz
- limon sıkmak
- ½ yemek kaşığı sıvıyağ

TALİMATLAR:
a) Pancarı haşlayın ve ardından soyun.
b) Su ile karıştırın ve istenirse süzün.
c) Karışımı kaynatın ve ardından kalan malzemeleri ekleyin ve servis yapın.

SALATALAR

55. Turuncu Gremolata ile Pancar

Yapar: 12 Porsiyon

İÇINDEKILER:

- 3 adet doğranmış altın pancar
- 2 yemek kaşığı limon suyu
- 1 çay kaşığı portakal kabuğu
- 2 yemek kaşığı ayçiçeği çekirdeği
- 1 yemek kaşığı kıyılmış Maydanoz
- 3 yemek kaşığı keçi peyniri
- 1 yemek kaşığı kıyılmış adaçayı
- 2 yemek kaşığı portakal suyu
- 1 diş sarımsak, kıyılmış

TALIMATLAR:

a)   Hava fritözünü 400°C'ye önceden ısıtın. Pancarların etrafına kalın folyoyu katlayın ve hava fritözü sepetindeki bir tepsiye yerleştirin.

b)   Yumuşayana kadar pişirin, 50 dakika. Pancarları soyun, ikiye bölün ve dilimleyin; bir kaseye koyun.

c)   Limon suyu, portakal suyu ve tuzu ekleyin.

d)   Üzerine maydanoz, adaçayı, sarımsak ve portakal kabuğu rendesi serpip keçi peyniri ve ayçiçeği taneleri ile süsleyin.

56. Yeşillikli Pancar ve Şerit Kayısı

Yapar: 4 porsiyon

İÇİNDEKİLER:

- 1 orta boy yeşillikli pancar
- 1/3 su bardağı taze limon suyu
- 2 yemek kaşığı açık kahverengi şeker
- ½ su bardağı kuru kayısı
- Tuz ve taze çekilmiş karabiber

TALIMATLAR:

a) Fırını 400 ° F'ye önceden ısıtın. Yeşillikleri pancarlardan çıkarın ve iyice yıkayın, ardından ½ inç genişliğinde şeritler halinde çapraz olarak kesin. Kenara koyun. Pancarları güzelce ovun.

b) Pancarları alüminyum folyoya sıkıca sarın ve yumuşayana kadar yaklaşık 1 saat pişirin.

c) Pancarlar kavrulurken kayısıları ısıya dayanıklı küçük bir kaba alın ve üzerini geçecek kadar kaynar su ilave ederek yaklaşık 10 dakika yumuşamasını bekleyin. Süzün ve ince şeritler halinde kesin ve bir kenara koyun.

d) Pancarlar kavrulunca paketlerini açın ve soğuması için kenara alın. İşlenecek kadar soğuduğunda pancarları soyun ve 1/4 inç kalınlığında dilimler halinde kesin ve bir kenara koyun.

e) Küçük bir tencerede limon suyu, şeker ve dilimlenmiş kayısıları birleştirin ve kaynatın. Isıyı düşük seviyeye indirin ve 5 dakika pişirin. Kenara koyun.

f) Ayrılmış yeşillikleri 2 yemek kaşığı su ile bir tavaya koyun. Örtün ve kaynatın, ardından ısıyı orta seviyeye düşürün ve yeşillikler soluncaya ve sıvı yaklaşık 2 dakika buharlaşana kadar pişirin. Kayısı-limon karışımını yeşilliklerle karıştırın ve tadına bakmak için tuz ve karabiber ekleyin. Pancar dilimlerini ilave edin ve yaklaşık 3 dakika iyice ısınana kadar pişirin. Hemen servis yapın.

57. Pancar Rezene Salatası

Yapar: 2 Porsiyon

İÇİNDEKİLER:

- 3 su bardağı kıyılmış yeşillik
- ¼ rezene soğanı, ince dilimlenmiş
- ½ su bardağı doğranmış pişmiş brokoli çiçeği
- ½ su bardağı doğranmış pancar
- 1 ila 2 yemek kaşığı sızma zeytinyağı
- ½ limon suyu

TALİMATLAR:

a) Büyük bir kapta yeşillikleri, rezeneyi, brokoli ve pancarları karıştırın.

b) Zeytinyağı ve limon suyu ile tatlandırın.

58. Pancarlı Fındık Salatası

Yapar: 2 Porsiyon

İÇİNDEKİLER:

- 2 su bardağı bebek ıspanak
- ½ avokado, doğranmış
- 1 bardak pancar, doğranmış
- ¼ su bardağı fındık
- 2 yemek kaşığı sızma zeytinyağı
- 1 yemek kaşığı balzamik sirke

TALİMATLAR:

a) Bir kaseye ıspanak, avokado, pancar ve fındığı koyun. Yağ ve sirke ile giyin.

b) Atın ve keyfini çıkarın.

59. Pancar ve Domates Salatası

Yapar: 2 Porsiyon

İÇİNDEKİLER:
- ½ su bardağı taze domates – doğranmış
- ½ fincan pişmiş pancar - doğranmış
- 1 yemek kaşığı bitkisel yağ
- ¼ yemek kaşığı hardal tohumu
- ¼ yemek kaşığı kimyon tohumu
- Zerdeçal çimdik
- 2 tutam asafoetida
- 4 köri yaprağı
- tatmak için tuz
- Tadımlık şeker
- 2 yemek kaşığı yer fıstığı tozu
- Taze doğranmış kişniş yaprakları

TALİMATLAR:
a) Hardal tohumlarını eklemeden önce yağı ısıtın.

b) Patlamaya başladıklarında kimyon, zerdeçal, köri yaprakları ve asafoetida ekleyin.

c) Pancar ve domatesi baharat karışımı, yer fıstığı tozu, tuz, şeker ve kişniş yapraklarıyla tatlandırın.

60. Pancarlı Karışık Yeşil Salata

Yapar: 4 porsiyon

İÇİNDEKİLER:

a) 2 orta boy pancar, üstleri kesilmiş
b) 2 yemek kaşığı kalsiyum takviyeli portakal suyu
c) 1 ½ çay kaşığı bal
d) ⅛ çay kaşığı tuz
e) ⅛ çay kaşığı karabiber
f) ¼ su bardağı zeytinyağı
g) 2 yemek kaşığı çiğ, kabuğu çıkarılmış ayçekirdeği
h) 1 portakal, dilimler halinde kesilmiş
i) 3 su bardağı paketlenmiş karışık salata yeşillikleri
j) ¼ bardak yağı azaltılmış beyaz peynir, ufalanmış

TALİMATLAR:

● Orta boy bir tencerede pancarları suyla kaplayın. Bir kaynamaya getirin, ardından düşük ısıya indirin.

● 20-30 dakika veya çatal yumuşayana kadar pişirin. Pancar boşaltılmalıdır.

● Pancarlar işlenecek kadar soğuduğunda akan suyun altında soyun ve dilimler halinde kesin.

● Bu arada portakal suyu, bal, sarımsak, tuz ve karabiberi bir kavanozda karıştırın.

● Pansuman pürüzsüz olana kadar zeytinyağında çalkalayın. Denklemden çıkarın.

● Küçük bir sote tavasında, orta-düşük ısıda tereyağını eritin.

● Kuru bir sote tavasında ayçekirdeklerini 2-3 dakika veya aromatik olana kadar kızartın.

● Geniş bir servis kasesine pancar, ayçekirdeği, portakal dilimleri, karışık yeşillikler ve beyaz peynir atın.

61. Gökkuşağı Pancarı ve Fıstık Salatası

Yapar: 2 Porsiyon

İÇİNDEKİLER:

- 2 küçük salkım gökkuşağı pancarı, doğranmış
- Pancar için kanola yağı

FESLEĞENLİ LİMON ZEYTİNYAĞI:

- 2 su bardağı gevşekçe paketlenmiş fesleğen
- yetersiz ¼ fincan zeytinyağı
- ½ limon suyu
- bir tutam koşer tuzu
- 1 Yemek Kaşığı kıyılmış Antep fıstığı
- 1 su bardağı Mikro Yeşiller
- Narenciye Bitki Tuzu – isteğe bağlı

TALİMATLAR:

a) Pancarları hafifçe kaplanana kadar 1-2 yemek kaşığı kanola yağıyla karıştırın.

b) Pancarları kenarlı bir fırın tepsisine yerleştirin, folyo ile kaplayın ve ızgarada 30-45 dakika veya yumuşayana ve kızarana kadar kızartın.

c) Pancarların kabuklarını soyun ve atın.

d) Fesleğen zeytinyağı yapmak için, tüm malzemeleri pürüzsüz olana kadar bir karıştırıcıda karıştırın.

e) İki küçük tabağın dibine az miktarda fesleğen zeytinyağı gezdirin.

f) Her tabağa az miktarda mikro yeşillik, pancarın yarısı, narenciye bitki tuzu ve antep fıstığı serpin.

g) Kalan mikro yeşillikleri her bir plakanın üzerine yerleştirin.

62. Pembe Kırmızı Kadife Salata

Yapar: 2 Porsiyon

İÇİNDEKİLER
SALATA
- 4 bütün havuç
- ⅓ orta boy kırmızı soğan, şeritli
- 1 büyük pancar
- 1 pembe greyfurt, dilimlenmiş
- 1 avuç irice doğranmış fıstık
SİRKE
- ½ su bardağı zeytinyağı
- ¼ fincan pirinç şarabı sirkesi
- 1 çay kaşığı hardal
- 1 çay kaşığı akçaağaç şurubu
- 1-2 diş sarımsak, kıyılmış
- tatmak için biber ve tuz

TALIMATLAR:

● Pancarlarınızı orta boy dilimler halinde dilimleyin ve mikrodalgaya uygun bir kaba koyun, üzerini örtün ve çatal yumuşayana kadar mikro ile kaplayın. Benimki 6 ½ dakika sürdü. Cildi umursamadığım için benimkini soymamayı seçiyorum ama ne istersen onu yapıyorum.

● Bir havuç soyucu kullanarak, çekirdeğe ulaşana ve daha fazla tıraş edemeyene kadar her bir havuçtan uzun şeritler alın. Çekirdekleri daha sonra yemek için saklayın.

● Geniş bir kaseye antep fıstığı hariç tüm salata malzemelerinizi koyun.

● Başka bir kapta, tüm sos malzemelerini koyun ve emülsifiye olana kadar çırpın.

● Salatayı servis etmeye hazır olduğunuzda, üzerini kaplayacak kadar sos ekleyin ve kalanını yarının salatası için ayırın.

● Üzerine antep fıstığı serpin ve hazırsınız.

63. Armutlu Sarı Pancar Salatası

Yapar: 2 Porsiyon

İÇİNDEKİLER:
- 3 ila 4 orta sarı pancar
- 2 yemek kaşığı beyaz balzamik sirke
- 3 yemek kaşığı vegan mayonez, ev yapımı (bkz. Vegan Mayonez) veya mağazadan satın alınmış
- 3 yemek kaşığı vegan ekşi krema, ev yapımı (bkz. Tofu Ekşi Krema) veya mağazadan satın alınmış
- 1 yemek kaşığı soya sütü
- 1½ yemek kaşığı kıyılmış taze dereotu
- 1 yemek kaşığı kıyılmış arpacık
- ½ çay kaşığı tuz
- ¼çay kaşığı taze çekilmiş karabiber
- 2 adet olgun Bosc armut
- 1 limon suyu
- 1 küçük baş kırmızı marul, lokma büyüklüğünde parçalara ayrılmış

TALIMATLAR:

a) Pancarları yumuşayana kadar buharda pişirin, ardından soğutun ve soyun. Pancarları kibrit çöpü şeklinde doğrayın ve sığ bir kaseye koyun. Sirkeyi ekleyin ve kaplamak için fırlatın. Kenara koyun.

b) Küçük bir kapta mayonez, ekşi krema, soya sütü, dereotu, arpacık soğanı, tuz ve karabiberi birleştirin. Kenara koyun.

c) Armutların çekirdeklerini çıkarın ve 1/4 inçlik zarlar halinde kesin. Armutları orta boy bir kaseye koyun, limon suyunu ekleyin ve birleştirmek için hafifçe karıştırın. Marulu 4 salata tabağına paylaştırın ve üzerine armut ve pancarları kaşıkla yerleştirin. Sosu salatanın üzerine gezdirin, ceviz serpin ve servis yapın.

64. Pancar ve tofu salatası

Yapar: 4 Porsiyon

İÇİNDEKİLER:
- 3 Pancar; soyulmuş VEYA 5 küçük pancar
- 1 küçük Kırmızı Bermuda soğanı; ince halkalar halinde dilimlenmiş ve ayrılmış
- 1 pound Firma veya ekstra firma tofu; süzüldü ve ½ inçlik küpler halinde kesildi
- ¼ bardak Kırmızı şarap sirkesi
- 2 yemek kaşığı balzamik sirke
- ¼ bardak zeytinyağı; veya daha az tatmak
- ½ çay kaşığı Kurutulmuş kekik
- Tuz ve biber

TALIMATLAR:
a) Pancarları çatalla test edildiğinde yumuşayana kadar pişirin: büyük pancarların kaynatılması ve pişmesi 45 dakika sürebilir.
b) İşlenecek kadar soğuduğunda, pancarları ikiye bölün, ardından her bir yarımı ¼ inçlik dilimler halinde dilimleyin. Bir kaseye yerleştirin. Pansuman ekleyin. Birleştirmek için hafifçe atın.
c) Baharatların tadına bakın. Hemen servis yapın veya soğutun. Servis yapmadan hemen önce tekrar atın.

65. Greyfurt, pancar ve mavi peynir salatası

Yapar: 1 Porsiyon

İÇİNDEKİLER:

- ½ demet Su teresi; kaba saplar atılır
- 1 greyfurt
- 1 ons Mavi peyniri; küçük ince dilimler halinde kesin
- 2 Soyulmuş pişmiş pancar, iri rendelenmiş
- 4 çay kaşığı Sızma zeytinyağı
- 1 yemek kaşığı balzamik sirke
- Tatmak için kaba tuz
- Tatmak için iri öğütülmüş biber

TALIMATLAR:

a) Su teresini 2 salata tabağına paylaştırın ve üzerine greyfurt dilimlerini ve peyniri dekoratif olarak dizin.

b) Küçük bir kapta pancarları, 2 çay kaşığı yağı ve sirkeyi karıştırın ve salatalara paylaştırın.

c) Salataları kalan yağ ile gezdirin ve tuz ve karabiber ekleyin.

66. Kırmızı kadife Patates salatası

Yapar: 4 Porsiyon

İÇİNDEKİLER:
- 1 kg mavi patates
- 200 gr pancar
- Tuz
- Biber
- 2 demet taze soğan
- 250 gr ekşi krema
- 5 yemek kaşığı beyaz şarap sirkesi
- 2 demet turp
- ¼ tere yatağı
- ¼ Pancar

TALİMATLAR:
a) Patatesleri ve pancarları iyice yıkayın ve bol tuzlu suda 15 dakika kadar pişirin.

b) Taze soğanları yıkayın, temizleyin ve ince şeritler halinde kesin.

c) Taze soğanları yuvarlanmaları için buzlu suya koyun.

d) Ekşi krema ve sirkeyi karıştırın - tuz ve karabiber ekleyin.

e) Patatesleri süzün, çıkarın, soyun ve kabaca doğrayın.

f) Pancarları soğuk suyla durulayın, soyun ve ince dilimler halinde kesin.

g) Turpları iyice yıkayın, temizleyin ve dörde bölün.

h) Patates, pancar, taze soğan ve turpları sosla karıştırın.

i) Kaselere dizin. Tere serpin.

67. Keçi Peynirli Cevizli Pancar Salatası

Yapar: 4

İÇİNDEKİLER
2 pound bebek pancar (kırmızı, sarı ve / veya Chioggia), kesilmiş, saplar ve yapraklar ayrılmış
Sızma zeytinyağı
koşer tuzu
½ su bardağı kıyılmış arpacık (yaklaşık 2 orta boy arpacık)
7 yemek kaşığı kırmızı şarap sirkesi
Taze çekilmiş karabiber
8 ons taze yumuşak keçi peyniri
3 yemek kaşığı ince dilimlenmiş taze kişniş
½ bardak çok amaçlı un
2 büyük yumurta
1 su bardağı panko galeta unu
Üzüm çekirdeği yağı veya diğer bitkisel yağlar
1 su bardağı taze düz yapraklı maydanoz, iri kıyılmış
½ su bardağı kavrulmuş ceviz, iri kıyılmış

TALİMATLAR:

1. Pancarları kızartın. Fırını 450 ° F'ye önceden ısıtın. Pancarları 9'a 13 inçlik bir pişirme kabında tek bir tabaka halinde düzenleyin. Pancarların yarısına gelecek kadar su ilave edin. Zeytinyağı gezdirin ve bolca tuzla tatlandırın. Fırın tepsisini alüminyum folyo ile kaplayın ve sıkıca kapatın. Pancarları 1 saat ila 1 saat 15 dakika veya çatalla delinene kadar yumuşayana kadar kavurun.

2. Turşuyu yapın. Pancarlar kızartılırken orta boy bir kapta ¼ bardak arpacık soğanı, 6 yemek kaşığı kırmızı şarap sirkesi ve ½ çay kaşığı tuzu birleştirin.

3. Pancarları soyun ve marine edin. Pancarlar işlenecek kadar soğuduğunda, ancak hala sıcakken, derilerini nazikçe ovmak için bir kağıt havlu kullanın. Pancarları ikiye veya dörde bölün ve büyük bir kaseye aktarın. Tatmak için tuz ve karabiber ekleyin. Turşuyu pancarların üzerine dökün; kaplamak için atmak. Marine etmek için 30 dakika bekletin.

4. Pancar saplarını ve yapraklarını pişirin. Pancar saplarını 2 inçlik parçalar halinde kesin. Yaprakları sıkı bir kütük haline getirin ve bir açıyla uzun, 1 inç genişliğinde şeritler halinde kesin. Bir sote tavasında, 1 çorba kaşığı zeytinyağını orta ateşte sıcak olana kadar ısıtın. Sapları ekleyin ve tuz ekleyin. Ara sıra karıştırarak, hafifçe yumuşayana kadar 3 ila 5 dakika pişirin. Pancar yapraklarını ekleyin ve tuz ve karabiber ekleyin. Ara sıra karıştırarak, 2 ila 4 dakika, solana kadar pişirin. Kalan 1 yemek kaşığı kırmızı şarap sirkesini karıştırın. Ateşten alın.

5. Keçi peyniri yuvarlaklarını oluşturun. Keçi peynirini buzdolabından çıkarın ve hafifçe yumuşayana kadar yaklaşık 10 dakika oda sıcaklığında bekletin. Bir kapta frenk soğanı, kalan ¼ fincan arpacık soğanı ve keçi peynirini birleştirin. 1 çay kaşığı tuz ve ½ çay kaşığı karabiber ile tatlandırın. İyice birleştirilene kadar karıştırın. Dört eşit top oluşturmak için ellerinizi kullanın, ardından her birini dikkatlice ¼ inç kalınlığında bir yuvarlak olacak şekilde düzleştirin. Yuvarlakları bir tabağa aktarın.

6. Keçi peyniri ekmek. Unu sığ bir tabağa yayın ve tuz ve karabiber serpin. Yumurtaları sığ bir kaseye kırın ve birleşene kadar çırpın. Başka bir derin olmayan tabağa galeta ununu yayın. Teker teker çalışarak, keçi peyniri yuvarlaklarını una bulayın; herhangi bir fazlalığa dokunun. Her iki tarafını da önce yumurtaya, sonra galeta ununa batırın; ekmek kırıntılarının yapıştığından emin olmak için basın. Mermileri bir tabağa aktarın ve streç filmle örtün; kızartmadan hemen önceye kadar buzdolabında soğutun.

7. Keçi peynirini çıtırlaştırın. Servis yapmadan hemen önce keçi peynirli turtaları buzdolabından çıkarın. Kağıt havlularla bir tabak hizalayın. Bir dökme demir tavada veya sote tavada, orta-yüksek sıcaklıkta ince bir tabaka üzüm çekirdeği yağı ısıtın. Tavaya eklendiğinde birkaç ekmek kırıntısı hemen cızırdadığında yağ yeterince sıcaktır. Keçi peyniri turlarını ekleyin. Altın kahverengi ve gevrek olana kadar her bir tarafta 2 ila 4 dakika pişirin. Plakaya aktarın ve tuz ve karabiber ekleyin.

8. Salatayı bitirin ve servis edin. Kavrulan pancarlara maydanoz ve cevizi ekleyin; iyice birleştirmek için karıştırın. Pancar yeşilliklerini (yapraklarını), saplarını ve kavrulmuş pancarları servis tabaklarına paylaştırın. Her birinin üzerine keçi peyniri koyun ve servis yapın.

YANLAR

68. kavrulmuş sebze kökleri

Yapar: 6 ila 8 Porsiyon

İÇİNDEKİLER:

- 3 pound doğranmış pancar
- 1 küçük kırmızı soğan
- ¼ bardak hindistan cevizi yağı
- 1 ½ çay kaşığı koşer tuzu
- ¼ çay kaşığı taze çekilmiş karabiber
- 2 yemek kaşığı biberiye yaprağı, doğranmış

TALİMATLAR:

a) Fırının ortasına bir raf yerleştirin ve fırını 425 ° F'ye ısıtın.

b) Kök sebzeleri ve kırmızı soğanı kenarlı bir fırın tepsisine yerleştirin. ¼ bardak hindistancevizi yağı gezdirin, koşer tuzu ve karabiber serpin ve eşit şekilde kaplamak için fırlatın. Düz bir tabaka halinde yayın.

c) 30 dakika kızartın.

d) Fırın tepsisini fırından çıkarın, sebzeleri biberiye ile serpin ve birleştirmek için fırlatın. Düz bir tabaka halinde tekrar yayın.

e) Sebzeler yumuşayana ve karamelleşene kadar 10 ila 15 dakika daha kızartmaya devam edin.

69. Grand Marnier'de pancar

Yapar: 6 porsiyon

İÇİNDEKİLER:

- 6 Pancar, temizlenmiş ve doğranmış
- 2 yemek kaşığı Tatlı tereyağı
- 3 yemek kaşığı Büyük Marnier
- 1 çay kaşığı Rendelenmiş portakal kabuğu

TALİMATLAR:

a) Kaynayan suyun üzerine yerleştirilmiş bir buharlı pişiricide, pancarları üstü kapalı olarak 25 ila 35 dakika veya yumuşayana kadar buharda pişirin.

b) Pancarları soğuk su altında tazeleyin, kabuklarını soyun ve pancarları ⅜ inçlik takozlar halinde kesin.

c) Büyük bir tavada pancarları tereyağında orta ateşte 3 dakika karıştırarak pişirin.

d) Grand Marnier'i, portakal kabuğunu ve tuzu tatmak için karıştırın; Karışımı üstü kapalı olarak 3 dakika pişirin.

70. Ekşi krema içinde pancar

Yapar: 4 Porsiyon

İÇİNDEKİLER:

- 16 ons Pancar, süzülmüş ve doğranmış olabilir
- 1 yemek kaşığı Elma sirkesi
- ¼ çay kaşığı Her sarımsak tuzu ve karabiber
- ¼ bardak Ekşi krema
- 1 çay kaşığı Şeker

TALİMATLAR:

a) Tüm malzemeleri 1 qt cam güveçte birleştirin. Karıştırmak için hafifçe karıştırın.

b) Mikrodalga, üstü kapalı, Yüksekte 3-5 dakika veya iyice ısıtılana kadar. Her 2 dakikada bir karıştırın.

c) Servis yapmadan önce 2-3 dakika ağzı kapalı olarak bekletin.

71. Kırmızı kadife Kızılcık pancarı

Yapar: 6 Porsiyon

İÇİNDEKİLER:

- 1 kutu (16 oz.) doğranmış pancar, süzülmüş
- 1 kutu (16 oz.) bütün meyve veya jöleli kızılcık sosu
- 2 yemek kaşığı Portakal suyu
- 1 çay kaşığı Rendelenmiş portakal kabuğu
- 1 çizgi Tuz

TALIMATLAR:

a) Tüm malzemeleri bir tencerede birleştirin; ara sıra karıştırarak iyice ısıtın.

b) Bir kerede servis yapın. Hindi veya jambonla lezzetli.

72. Kırmızı kadife Ballı pancar

Yapar: 7 porsiyon

İÇİNDEKİLER:

- 6 su bardağı Su
- 1 yemek kaşığı Sirke
- 1 çay kaşığı Tuz
- 5 orta boy pancar
- 1 orta boy Soğan, doğranmış
- 2 yemek kaşığı Margarin
- 2 yemek kaşığı Bal
- 1 yemek kaşığı Limon suyu
- ½ çay kaşığı Tuz
- ⅛ çay kaşığı öğütülmüş tarçın
- 1 yemek kaşığı Maydanoz, kıyılmış

TALIMATLAR:

a) Su, sirke ve 1 çay kaşığı tuzu kaynama noktasına kadar ısıtın. Pancar ekleyin. 35 ila 45 dakika yumuşayana kadar pişirin; boşaltmak. Pancarların üzerine soğuk su dökün; derileri kaydırın ve kök uçlarını çıkarın. Pancarları ince parçalar halinde kesin.

b) Soğan yumuşayana kadar 10 "tavada margarin içinde soğanı yaklaşık 5 dakika pişirin ve karıştırın. Pancar, bal, limon suyu, ½ çay kaşığı tuz ve tarçını ilave edin.

c) Pancarlar sıcak olana kadar yaklaşık 5 dakika ara sıra karıştırarak ısıtın.

d) Maydanoz serpin.

73. Kavrulmuş Pancar Dilimleri

Yapar: 4

İÇİNDEKİLER:
- 1 kiloluk orta taze pancar, soyulmuş
- 1/2 çay kaşığı koşer tuzu
- 8 çay kaşığı sebze suyu
- 5 taze biberiye dalı

TALİMATLAR:
a) Fırını 400 ° F'ye önceden ısıtın.

b) Kaç porsiyon istendiğine bağlı olarak her pancarı dilimler halinde kesin. Kaplamak için sebze suyu ve tuzu atın.

c) Bir fırın tepsisine 12 inç uzunluğunda bir parça ağır hizmet tipi folyo yerleştirin.

d) Pancarları folyoya dizin ve üzerine biberiye serpin. Pancarları folyoya sarın ve sıkıca kapatın.

e) En az 1 saat veya patatesler yumuşayana kadar pişirin.

f) Folyoyu dikkatlice açarak buharın çıkmasına izin verin. Biberiye dallarını çıkarın. Servis yapın ve tadını çıkarın!

TATLI

74. kırmızı kadife minik kekler

Yapar: 24 Cupcake

İÇİNDEKİLER:
- 2 yumurta akı
- 2 su bardağı kırmızı kadife kek karışımı
- 1 su bardağı çikolatalı kek karışımı
- ¼ fincan Esrar ile aşılanmış tentür
- 1 12 onsluk çikolata parçaları torbası
- 1 12 ons limonlu gazoz olabilir
- 1 12 ons Küvet ekşi krema buzlanma

TALİMATLAR:
a) Fırını 350 ° F'ye ısıtın.
b) Muffin kalıbını kağıt pişirme kaplarıyla hizalayın.
c) Yumurta akı, kek karışımları, tentür, çikolata parçaları ve sodayı büyük bir karıştırma kabında birleştirin.
d) Pürüzsüz bir hamur oluşana kadar iyice karıştırın.
e) Hamuru pişirme kaplarına dökün.
f) 20 dakika pişirin.
g) Buzlanmadan önce keklerin soğumasına izin verin.

75. Kırmızı kadife Buzlu kek

Yapar: 6

İÇİNDEKİLER:
KEK
- 1 ½ su bardağı Şeker
- 1 çay kaşığı Kabartma tozu
- ½ fincan Crisco
- 1 çay kaşığı Vanilya Özü
- 1 su bardağı Ayran
- 2 ons Kırmızı Gıda Boyası
- 2 ½ su bardağı Kek Unu
- 1 çay kaşığı Tuz
- 1 çay kaşığı Sirke
- 3 çay kaşığı Kakao

BUZLANMA #1
- 1 Çubuk Tereyağı
- 8 çay kaşığı Crisco
- 1 su bardağı Şeker
- 3 çay kaşığı Un
- ⅔ bardak Süt
- 1 çay kaşığı Vanilya Özü

BUZLANMA #2
- 1 Çubuk Tereyağı
- 2 Krem Peynir
- 2 yumurta
- 1 Kutu Güç Şeker

TALİMATLAR:
a) Tüm malzemeleri elle karıştırın. Elektrikli karıştırıcı kullanmayın.
b) 350 derecede 1 saat 15 dakika pişirin.
c) Tavadan çıkarmadan önce 30 dakika soğumaya bırakın.

76. Kırmızı kadife kek

Yapar: 10 -12 Porsiyon

İÇİNDEKİLER:
- 2½ su bardağı çok amaçlı un
- 2 çay kaşığı şekersiz kakao tozu
- 1 çay kaşığı koşer tuzu
- 1 çay kaşığı kabartma tozu
- 2 yumurta, oda sıcaklığında
- 1½ su bardağı toz şeker
- 1½ bardak bitkisel yağ
- 1 su bardağı ayran, oda sıcaklığında
- 1½ çay kaşığı vanilya özü
- 1 çay kaşığı damıtılmış beyaz sirke
- 1 ons kırmızı gıda boyası

DONDURMA İÇİN:
- 16 ons krem peynir, yumuşatılmış
- 1 su bardağı tuzsuz tereyağı, yumuşatılmış
- 8 su bardağı pudra şekeri
- 1 yemek kaşığı tam yağlı süt
- 2 çay kaşığı vanilya özü

TALİMATLAR:

a) Fırını önceden 325 derece F'ye ısıtın. İki adet 9 inçlik kek kalıbına pişirme spreyi sıkın veya yağlayıp unlayın.

b) Büyük bir karıştırma kabında un, kakao tozu, tuz ve kabartma tozunu birleştirin ve birlikte eleyin veya çırpın.

c) Orta boy bir kapta, yumurtaları kırın ve bir çırpma teli ile çırpın. Şeker, yağ, ayran ve vanilyayı kaseye dökün ve her şey güzel ve kremsi olana kadar düşük hızda bir el mikseri kullanarak karıştırın.

d) Büyük kapta ıslak malzemeleri kuru malzemelerle yavaşça birleştirin.

e) Sirke ve kırmızı gıda boyasını ekleyin. Kek hamurunun tamamı kırmızı olana ve iz kalmayana kadar katlayın.

f) Her kek kalıbına eşit miktarda kek hamuru dökün. Hava kabarcıklarını çıkarmak için tavaları sallayın ve hafifçe vurun, ardından 5 dakika bekletin. Kekleri 25 ila 30 dakika pişirin. Kek kalıplarından kekleri çıkarın ve soğutma raflarına yerleştirin.

g) Kekler soğurken kremayı yapın. Büyük bir kapta krem peyniri ve tereyağını birleştirin.

h) El mikseri kullanarak iki malzemeyi birlikte krema haline getirin, ardından her seferinde 1 bardak pudra şekerini yavaşça ekleyin.

i) Süt ve vanilyayı ekleyin ve buzlanma güzel ve kremsi olana kadar karıştırın. Kekler tamamen soğuduktan sonra üzerlerini süsleyin.

77. Kırmızı kadife dondurma

Yapar: 1 Bira

İÇİNDEKİLER:

- 1 jelatin levha
- 1 su bardağı süt
- ½ porsiyon Fudge Sos
- 50 gr Çikolatalı Kek parçaları
- 35 gr kakao tozu
- 2 yemek kaşığı şeker
- 1 yemek kaşığı glikoz
- 1 yemek kaşığı damıtılmış beyaz sirke
- 1 yemek kaşığı ayran
- 2 çay kaşığı kırmızı gıda boyası
- 1 çay kaşığı koşer tuzu

TALİMATLAR:

a) Jelatini çiçeklendirin.

b) Sütten biraz ısıtın ve çözünmesi için jelatini çırpın.

c) Jelatin karışımını bir karıştırıcıya aktarın, kalan sütü, şekerleme sosu, çikolatalı kek, kakao tozu, şeker, glikoz, sirke, ayran, gıda boyası ve tuzu ekleyin ve pürüzsüz ve homojen olana kadar püre haline getirin.

d) Karışımı ince gözenekli bir elekten geçirerek dondurma makinenize dökün ve üreticinin talimatlarına göre dondurun.

78. Kırmızı Kadife Çikolatalı Kurabiye

Yapar: 21 kurabiye

İÇİNDEKİLER

- 1½ su bardağı çok amaçlı un
- ¼ fincan kakao tozu
- 1 çay kaşığı kabartma tozu
- ¼ çay kaşığı deniz tuzu
- ½ su bardağı tuzsuz tereyağı, oda sıcaklığında
- ½ su bardağı esmer şeker
- ½ fincan
- 1 yumurta, oda sıcaklığında
- 1 yemek kaşığı süt/ayran/doğal yoğurt
- 2 çay kaşığı vanilya özü
- ½ çay kaşığı kırmızı gıda boyası jeli
- 1 su bardağı beyaz veya bitter çikolata parçaları

TALİMATLAR:

a) Büyük bir karıştırma kabında un, kakao tozu, kabartma tozu ve tuzu birlikte çırpın ve bir kenara koyun.

b) Tereyağı, esmer şeker ve toz şekeri mikser yardımıyla yüksek devirde yaklaşık 1-2 dakika krema kıvamına gelinceye kadar çırpın.

c) Ardından yumurta, süt, vanilya özü ve gıda boyasını ekleyin ve iyice karışana kadar çırpın ve mikseri kapatın.

d) Kuru malzemeleri ıslak malzemelere ekleyin.

e) Mikseri düşük hızda çevirin ve çok yumuşak bir hamur oluşana kadar yavaşça çırpın.

f) Daha fazla gıda boyası eklemeniz gerekirse, bu noktada bunu yapmaktan çekinmeyin.

g) Son olarak damla çikolataları ekleyin ve çırpın.

h) Hamurun üzerini streç filmle kapatın ve buzdolabında en az 2 saat veya gece boyunca soğumaya bırakın.

i) Soğuduktan sonra, hamurun oda sıcaklığında en az 15 dakika beklemesine izin verin ve hamur sertleşeceğinden toplar haline getirin ve fırınlayın.

j) Fırınınızı önceden 180°C'ye ısıtın.

k) İki büyük fırın tepsisini parşömen kağıdı veya silikon pişirme matlarıyla kaplayın. Kenara koyun.

l) Bir çorba kaşığı kullanarak, kurabiye hamurundan bir yığın alın ve bir top haline getirin.

m)　Yağlı kağıt serili fırın tepsilerine dizip 11-13 dakika pişirin.

n) Gruplar halinde pişirin.

o) Sıcak kurabiyelerin üzerine birkaç parça çikolata daha ekleyin.

79. Kırmızı Kadife Dondurmalı Waffle

Yapar: 8 sandviç

İÇİNDEKİLER:
- 1¾ su bardağı çok amaçlı un
- ¼ fincan şekersiz kakao
- 1 çay kaşığı kabartma tozu
- 1 çay kaşığı tuz
- 1 su bardağı kanola yağı
- 1 su bardağı toz şeker
- 1 büyük yumurta
- 3 yemek kaşığı kırmızı gıda boyası
- 1 çay kaşığı saf vanilya özü
- 1½ çay kaşığı damıtılmış beyaz sirke
- ½ su bardağı ayran
- Yapışmaz pişirme spreyi
- 1½ litre vanilyalı dondurma
- 2 su bardağı yarı tatlı mini çikolata parçaları

TALİMATLAR:
a) Waffle demirini orta derecede önceden ısıtın.

b) Orta boy bir kapta un, kakao, kabartma tozu ve tuzu birlikte çırpın. Kenara koyun.

c) Bir stand mikserin kasesinde veya elektrikli el mikseri ile büyük bir kasede, yağ ve şekeri iyice karışana kadar orta hızda çırpın. Yumurtayı çırpın. Mikseri düşük seviyeye getirin ve yavaş yavaş gıda boyası ve vanilyayı ekleyin.

d) Sirke ve ayranı karıştırın. Bu ayran karışımının yarısını yağ, şeker ve yumurta ile birlikte büyük kaseye ekleyin. Birleştirmek için karıştırın ve ardından un karışımının yarısını ekleyin.

e) Kâseyi kazıyın ve sadece karışmamış un kalmadığından emin olacak kadar karıştırın.

f) Ayran karışımının geri kalanını ekleyin, birleştirmek için karıştırın ve ardından un karışımının sonunu ekleyin.

g) Karışmamış un kalmadığından emin olmak için tekrar karıştırın.

h) Waffle ızgarasının her iki tarafını da yapışmaz spreyle kaplayın. Izgarayı kaplayacak kadar waffle demirine yeterince hamur dökün, kapağı kapatın ve waffle'lar waffle demirinden çıkarılacak kadar sertleşene kadar 4 dakika pişirin.

i) Waffle'ları bir tel raf üzerinde hafifçe soğumaya bırakın. Waffle'ları dilimlere ayırmak için mutfak makası veya keskin bir bıçak kullanın.

j) Toplam 16 bölüm yapmak için tekrarlayın.

k) Waffle bölümleri soğurken dondurmayı 10 dakika yumuşaması için tezgaha alın.

l) Dondurma yumuşadıktan sonra, waffle bölümlerinin yarısını açın ve bir spatula kullanarak dondurmayı her birinin üzerine yaklaşık 1 inç kalınlığında yayın.

m)   8 sandviç yapmak için kalan bölümlerle doldurun. Kenarları düzeltmek için taşan dondurmayı lastik bir spatula ile kazıyın.

n) Daha sonra dondurmanın kenarlarını mini çikolata parçalarıyla dolu bir kaseye veya sığ bir tabağa batırın.

o) Her bir sandviçi streç filmle sıkıca sarın, fermuarlı bir poşete koyun ve dondurmanın sertleşmesi için poşeti en az 1 saat dondurucuya koyun.

p) Hafifçe yumuşamasını sağlamak için servis yapmadan birkaç dakika önce sandviçi çıkarın.

80. Kırmızı Kadife Mini Cheesecake

Yapar: 22-24 cheesecake

İÇİNDEKİLER
KIRMIZI KADİFE KURABİYE KATMANLI
- 1 ve ½ su bardağı + 1 yemek kaşığı çok amaçlı un
- ¼ fincan şekersiz kakao tozu
- 1 çay kaşığı kabartma tozu
- ¼ çay kaşığı tuz
- ½ su bardağı oda sıcaklığında yumuşatılmış tuzsuz tereyağı
- ¾ fincan paketlenmiş açık veya koyu kahverengi şeker
- ¼ su bardağı toz şeker
- 1 yumurta, oda sıcaklığında
- 1 yemek kaşığı süt
- 2 çay kaşığı saf vanilya özü
- 1 yemek kaşığı kırmızı gıda boyası

PEYNİR KATMANI
- 12 ons krem peynir, oda sıcaklığına kadar yumuşatılmış
- 2 yemek kaşığı yoğurt
- ⅓ su bardağı toz şeker
- 1 büyük yumurta, oda sıcaklığında
- 1 çay kaşığı saf vanilya özü
- ½ fincan mini veya normal yarı tatlı çikolata parçaları

TALİMATLAR:
a) Fırını 350 ° F'ye ısıtın.

b) İki adet 12'li muffin kalıbını cupcake kalıplarıyla kaplayın. Kenara koyun.

c) Kırmızı kadife kurabiye katmanını yapın: un, kakao tozu, kabartma tozu ve tuzu büyük bir kapta karıştırın. Kenara koyun.

d) El tipi veya kanatlı bir karıştırıcı kullanarak, tereyağını yüksek hızda yaklaşık 1 dakika kremsi olana kadar çırpın.

e) Kasenin kenarlarını ve altını gerektiği gibi kazıyın.

f) Karıştırıcıyı orta hıza getirin ve birleştirilene kadar kahverengi şeker ve toz şekeri çırpın.

g) Yumurta, süt ve vanilya özünü çırpın, gerektiği gibi kasenin kenarlarını ve altını kazıyın.

h) Karıştırdıktan sonra gıda boyasını ekleyin ve karışana kadar çırpın.

i) Mikseri kapatın ve kuru malzemeleri ıslak malzemelere dökün. Mikseri düşük seviyeye getirin ve çok yumuşak bir hamur oluşana kadar yavaşça çırpın.

j) Hamurun daha kırmızı olmasını istiyorsanız daha fazla gıda boyası ile çırpın. Hamur yapışkan olacaktır.

k) Her kek astarının altına 1 yemek kaşığı kurabiye hamuru bastırın. Yetersiz diyorum çünkü yoksa 22-24 adet mini cheesecake yapmaya doyamazsınız. Cheesecake'i üstüne koymadan önce kabuğu önceden pişirmek için her partiyi 8 dakika pişirin.

l) Cheesecake katmanını yapın: el tipi veya kanatlı bir mikser kullanarak, krem peyniri tamamen pürüzsüz olana kadar orta-yüksek hızda çırpın.

m) Yoğurt ve şekeri ekleyin, karışana kadar yüksek devirde çırpın.

n) Yumurta ve vanilyayı ekleyin ve karışana kadar orta devirde çırpın.

o) Çikolata parçacıklarını yavaşça katlayın. Pişen kurabiyelerin üzerine 1 yemek kaşığı cheesecake hamurundan dökün ve kurabiyelerin üzerini tamamen kaplayacak şekilde yayın.

p) Mini cheesecakeleri tekrar fırına verin ve yaklaşık 20 dakika daha pişirmeye devam edin.

q) Üstleri çok çabuk kızarırsa, kapları alüminyum folyo ile kaplayın.

r) Tezgahta 30 dakika soğumaya bırakın, ardından buzdolabında 1,5 saat daha donması için soğumaya bırakın.

s) Kurabiye kapları oda sıcaklığında 12-24 saat taze ve kapalı kalır ve ardından 3 güne kadar buzdolabında saklanmalıdır.

81. Kırmızı Kadife Krem Peynirli Muffin

Yapar: 12 kek

İÇİNDEKİLER
KIRINTI TEPSİSİ
- ½ su bardağı toz şeker
- ¼ bardak çok amaçlı un
- 2 yemek kaşığı tuzsuz tereyağı

KREM PEYNİR KARIŞIMI
- 4 ons krem peynir yumuşatılmış
- ¼ su bardağı toz şeker
- ½ çay kaşığı vanilya özü

ÇÖREK, KEK
- 1 ¼ bardak çok amaçlı un
- ½ su bardağı toz şeker
- 2 çay kaşığı kabartma tozu
- ½ çay kaşığı tuz
- 1 büyük yumurta
- ½ su bardağı bitkisel yağ
- ⅓ su bardağı süt
- 2 yemek kaşığı şekersiz kakao tozu
- 2 çay kaşığı kırmızı gıda boyası

TALİMATLAR

a) Fırını 375 ° F'ye ısıtın.

b) Çörek tepsisini astarlarla kaplayarak veya yapışmaz pişirme spreyi sıkarak hazırlayın.

KIRINTI TEPSİSİ

c) Orta boy bir kapta un, şeker ve tereyağı ekleyin. Bir çatal kullanarak, kaba kırıntılar elde edene kadar tereyağını kesin.

KREM PEYNİR KARIŞIMI

d) Başka bir kapta krem peynir, şeker ve vanilyayı pürüzsüz olana kadar çırpın.

ÇÖREK, KEK

e) Bir stand mikserinin kasesine un, kabartma tozu ve tuz ekleyin ve birleştirmek için çırpın.

f) Yumurta, sıvı yağ, süt, kakao tozu ve kırmızı gıda boyasını ekleyin ve sadece karışana kadar karıştırın.

g) Krem peynir karışımını muffin hamuruna katlayın, fazla karıştırmamaya dikkat edin.

h) Hamuru, her birini yaklaşık ⅔ dolu olacak şekilde hazırlanmış muffin içine alın.

i) Her muffinin üzerine kırıntı tepesini eşit şekilde serpin.

j) 375° F'de 17-19 dakika veya ortasına batırdığınız kürdan temiz çıkana kadar pişirin.

k) Muffinleri tavada yaklaşık 10 dakika soğumaya bırakın, ardından tamamen soğumaları için bir soğutma rafına aktarın.

82. Kırmızı Kadife Frambuazlı Tart

Yapar: 12 porsiyon

İÇİNDEKİLER

- 1 yaprak soğutulmuş turta böreği
- 1 büyük yumurta akı, hafifçe çırpılmış
- ¼ fincan çekirdeksiz ahududu reçeli
- ⅔ fincan yumuşatılmış tereyağı
- ¾ su bardağı şeker
- 3 büyük yumurta
- 1 büyük yumurta sarısı
- 1 yemek kaşığı pişirme kakao
- 2 çay kaşığı kırmızı macun gıda boyası
- 1 su bardağı çekilmiş badem
- buz örtüsü

TALİMATLAR

a) Fırını 350°'ye ısıtın. Pasta tabakasını 9 inçlik bir açıyla açın. çıkarılabilir tabanlı yivli tart tavası; jantla bile düzeltin. 10 dakika dondurun.

b) Hamur işlerini çift kalınlıkta folyo ile sıralayın. Turta ağırlıkları, kuru fasulye veya pişmemiş pirinçle doldurun. 12-15 dakika veya kenarları altın rengi kahverengi olana kadar pişirin.

c) Folyo ve ağırlıkları çıkarın; kabuğun altını yumurta akı ile fırçalayın. 6-8 dakika daha uzun veya kızarana kadar pişirin. Bir tel raf üzerinde soğutun.

d) Reçeli kabuğun dibine yayın. Bir kapta, hafif ve kabarık olana kadar tereyağı ve şekeri krema haline getirin. Yavaş yavaş yumurta, yumurta sarısı, kakao ve gıda boyasını çırpın. Öğütülmüş bademleri katlayın. Reçelin üzerine yayın.

e) 30-35 dakika veya doldurma ayarlanana kadar pişirin. Bir tel raf üzerinde tamamen soğutun.

f) Küçük bir kapta, pudra şekerini ve suyu karıştırın ve pürüzsüz olana kadar özütleyin; turtanın üzerine gezdirin veya sıkın. Artıkları soğutun.

83. Kırmızı Kadife Sufle

Yapar: 6 porsiyon

İÇİNDEKİLER
- 1 yemek kaşığı tereyağı
- 3 yemek kaşığı toz şeker
- 4 ons acı tatlı çikolata pişirme çubuğu, doğranmış
- 5 büyük yumurta, ayrılmış
- ⅓ su bardağı toz şeker
- 3 yemek kaşığı süt
- 1 yemek kaşığı kırmızı sıvı gıda boyası
- 1 çay kaşığı vanilya özü
- Bir tutam tuz
- 2 yemek kaşığı toz şeker
- Toz şeker
- çırpılmış ekşi krema

TALİMATLAR

k) Fırını 350°'ye ısıtın.

l) Kaselerin altını ve yanlarını tereyağ ile yağlayın.

m) Fazla sallayarak 3 yemek kaşığı şekerle hafifçe kaplayın. Bir fırın tepsisine yerleştirin.

n) Çikolatayı mikrodalgaya uygun büyük bir kapta YÜKSEK'te 1 dakika ila 1 dakika 15 saniye veya eriyene kadar 30 saniyelik aralıklarla karıştırarak mikrodalgaya koyun.

o) 4 yumurta sarısı, ⅓ bardak şeker ve sonraki 3 malzemeyi karıştırın.

p) 5 yumurta akı ve tuzu ağır hizmet tipi bir elektrikli stand mikseri ile köpürene kadar yüksek hızda çırpın.

q) Yavaş yavaş 2 yemek kaşığı şeker ekleyin, sert zirveler oluşana kadar çırpın.

r) Yumurta akı karışımını her seferinde üçte bir oranında çikolata karışımına katlayın.

s) Hazırlanan ramekinlere kaşıkla.

t) Başparmağınızın ucunu ramekinlerin kenarlarında gezdirin, silerek temizleyin ve karışımın kenarlarında sığ bir girinti oluşturun.

u) 350°'de 20 ila 24 dakika veya sufleler kabarana ve sertleşene kadar pişirin.

v) Pudra şekeri ile toz; Krem Şanti ile hemen servis yapın.

84. Kırmızı Kadife Cheesecake Mousse

Yapar: 3

İÇİNDEKİLER
- 6 ons Krem Peynir blok tarzı yumuşatılmış
- ½ fincan Ağır Krema
- 2 yemek kaşığı tam yağlı ekşi krema
- ⅓ su bardağı Düşük Karbonhidratlı Toz Tatlandırıcı
- 1 ½ çay kaşığı Vanilya Özü
- 1 ½ çay kaşığı Kakao Tozu
- Pembemsi yerine kırmızı bir renk istiyorsanız ½ çay kaşığı 1 çay kaşığı Doğal Kırmızı Gıda Boyası
- Stevia damlaları ile tatlandırılmış Krem Şanti
- Şekersiz Çikolata Bar talaşı rendelenmiş keto çikolata

TALİMATLAR
a) Elektrikli el mikseri veya stand mikseri olan büyük bir karıştırma kabına yumuşatılmış krem peynir, ağır krema, ekşi krema, toz tatlandırıcı ve vanilya özü ekleyin.

b) 6 ons Krem Peynir, blok tarzı, ½ fincan Ağır Krema, ⅓ fincan Düşük Karbonhidratlı Toz Tatlandırıcı, 1 ½ çay kaşığı Vanilya Özü, 2 yemek kaşığı Ekşi Krema

c) Düşük hızda bir dakika, ardından orta hızda birkaç dakika koyu, kremsi ve iyice birleşene kadar karıştırın.

d) Kakao tozu ekleyin ve birleşene kadar yüksekte karıştırın, iyice karıştırmak için lastik bir kazıyıcı ile kenarlarını kazıyın.

e) 1 ½ çay kaşığı Kakao Tozu

f) Kırmızı gıda boyasını ekleyin ve puding kıvamına gelene kadar karıştırın.

g) ½ çay kaşığı ila 1 çay kaşığı Doğal Kırmızı Gıda Boyası

h) Küçük bir tatlı bardağına veya kasesine köpüğü sıkmak için kaşıkla veya bir hamur torbası kullanın.

i) Bir parça şekersiz çırpılmış krema ve biraz isteğe bağlı rendelenmiş şekersiz çikolata ile süsleyin. Sert

j) Stevia damlaları ile tatlandırılmış Krem Şanti, Şekersiz Çikolata Talaşı

85. Red Velvet-Berry Ayakkabıcı

Yapar: 6 ila 8 porsiyon

İÇİNDEKİLER
- 1 yemek kaşığı mısır nişastası
- 1 ¼ bardak şeker, bölünmüş
- 6 su bardağı çeşitli taze meyveler
- ½ su bardağı yumuşamış tereyağı
- 2 büyük yumurta
- 2 yemek kaşığı kırmızı sıvı gıda boyası
- 1 çay kaşığı vanilya özü
- 1 ¼ su bardağı çok amaçlı un
- 1 ½ yemek kaşığı şekersiz kakao
- ¼ çay kaşığı tuz
- ½ su bardağı ayran
- 1 ½ çay kaşığı beyaz sirke
- ½ çay kaşığı kabartma tozu

TALİMATLAR

a) Fırını 350°'ye ısıtın. Mısır nişastası ve ½ su bardağı şekeri karıştırın.

b) Çilekleri mısır nişastası karışımıyla atın ve hafifçe yağlanmış 11-x 7 inçlik bir pişirme kabına kaşıklayın.

c) Tereyağını orta hızda bir elektrikli karıştırıcı ile kabarık olana kadar çırpın; kalan ¾ bardak şekeri yavaş yavaş ekleyerek iyice çırpın.

d) Yumurtaları birer birer ekleyin ve her eklemeden sonra karışana kadar çırpın.

e) Kırmızı gıda boyası ve vanilyayı karışana kadar karıştırın.

f) Un, kakao ve tuzu birleştirin. Ayran, sirke ve kabartma tozunu 2 fincanlık bir sıvı ölçüm kabında karıştırın.

g) Un karışımı ile başlayıp biten ayran karışımı ile dönüşümlü olarak tereyağı karışımına un karışımı ekleyin.

h) Her eklemeden sonra karışana kadar düşük hızda çırpın.

i) Berry karışımının üzerine kaşıkla hamur dökün.

j) 350°'de 45 ila 50 dakika veya kek tepesinin ortasına yerleştirilen tahta bir kürdan temiz çıkana kadar pişirin. Bir tel raf üzerinde 10 dakika soğutun.

86. Kırmızı Kadife Meyveli Kek

Yapar: 3 porsiyon

İÇİNDEKİLER
- 200 gram Maida
- 220 gram Pudra Şekeri
- 1 yemek kaşığı Kakao tozu
- 150 ml Bitkisel yağ
- 250 ml Ayran
- 1 çay kaşığı Kabartma Tozu
- ½ çay kaşığı Kabartma tozu
- ¼ çay kaşığı Tuz
- ½ çay kaşığı Sirke
- 1 yemek kaşığı Vanilya Özü
- ½ fincan Ağır Krema

SÜSLEMEK İÇİN:
- çikolata sanatı
- kivi ve üzüm
- Bal
- tatlı taşlar

TALİMATLAR

a) Yukarıda belirtilen tüm kuru malzemeleri bir kaseye ekleyin ve topaklanmaması için birlikte eleyin.

b) Şimdi ayran, bitkisel yağ, vanilya esansı ve pancar ezmesini ekleyin ve pürüzsüz bir hamur yapmak için iyice karıştırın.

c) Son olarak sirkeyi ekleyin ve iyice karıştırın.

d) 1 6 inçlik kek kalıbını alın ve muffin kalıbını sıvı yağ ile yağlayın ve Maida ile tozunu alın,

e) içlerine eşit şekilde harcı dökün.

f) Mikrodalga fırını 10 dakika boyunca 180°C'ye önceden ısıtın. Önceden ısıtılmış bir mikrodalga fırında 20-25 dakika veya her mikrodalga fırına bağlı olarak bitene kadar pişirin.

g) Krem şantiyi 3-4 dakika çırpın ve buzlukta bekletin.

h) Kivi ve üzümleri kesin.

i) Piştikten sonra soğumaya bırakın ve kalıptan çıkarın.

j) Her iki kekin üzerine de krem şanti sürün ve üzerini değerli taşlar, çikolata, doğranmış meyveler ve son olarak balla süsleyin.

87. Kırmızı Kadife Bisküvi

Yapar: 10 porsiyon

İÇİNDEKİLER:
- 2 su bardağı kendiliğinden kabaran un
- ½ çay kaşığı krem tartar
- ⅛ çay kaşığı tuz
- 1 yemek kaşığı şekersiz kakao tozu
- 2 yemek kaşığı toz şeker
- ¾ su bardağı ayran soğuk
- ½ su bardağı soğuk tuzsuz tereyağı rendelenmiş
- ¼ fincan tereyağı aromalı sebze katı yağı
- 1 çay kaşığı vanilya özü
- ½ ons kırmızı gıda boyası

TALİMATLAR:
a) Kendi kendine kabaran un, tuz, kakao tozu, şeker ve krem tartarı geniş bir kapta birleştirin.

b) Malzemeleri iyice birleşene kadar eleyin veya karıştırın.

c) Tüm kuru malzemeleri stand mikser kasesine ekleyin.

d) Tereyağını, katı yağı, ayranı ve gıda boyasını ekleyin.

e) Stand mikserini açın ve malzemeleri kırmızı hamur haline gelene kadar orta hızda karıştırın.

f) Hamur toparlandıktan sonra hafif unlanmış düz bir zeminde merdane ile açın.

g) Bir konserve kapağı, bisküvi kesici veya çerez kesici kullanarak bisküvileri kesin.

h) Bisküvileri fırın tepsisine dizin.

i) Bisküvileri 400 F'de 12-15 dakika pişirin.

j) Bittiğinde, hala sıcakken bisküvilerin üzerine fırçalayın veya yağ sürün.

88. Kırmızı Kadife Makaron

Yapar: 18 makaron

İÇİNDEKİLER

- ½ su bardağı + 2 yemek kaşığı beyazlatılmış ince badem unu
- ½ su bardağı pudra şekeri
- 1 tatlı kaşığı şekersiz kakao tozu
- 2 büyük yumurta akı
- bir tutam krem tartar
- ¼ su bardağı + 1 tatlı kaşığı toz şeker
- kırmızı jel gıda boyası
- Krem Peynirli Buzlanma

TALİMATLAR

a) Badem unu, pudra şekeri ve şekersiz kakao tozunu büyük bir kaseye eleyin ve bir kenara koyun.

b) Yumurta aklarını bir çırpma teli ile bir stand mikserin kasesine ekleyin ve yumurta aklarının yüzeyi küçük baloncuklarla kaplanana kadar orta hızda karıştırın.

c) Bir tutam krem tartar ekleyin ve yumuşak tepe aşamasına ulaşana kadar karıştırmaya devam edin.

d) Ardından, yavaş yavaş toz şekeri ekleyin ve orta hızda 30 saniye karıştırın. Karıştırma hızını orta-yüksek bir hıza yükseltin. Sert, parlak tepeler oluşana kadar karıştırmaya devam edin.

e) Bu noktada kırmızı jel gıda boyasını ekleyin. Bir sonraki adımda karışacaktır.

f) Kuru malzemeleri beze ekleyin ve kalın bir hamur şeridi kaldırıldığında sürekli bir akışla spatuladan akana kadar dairesel hareketlerle birlikte katlayın.

g) Hamuru, orta boy yuvarlak boru ucu takılı büyük bir sıkma torbasına dökün ve hazırlanan fırın tepsilerine yaklaşık 1 inç aralıklarla 1 ¼ inçlik yuvarlak sıkın.

h) Hava kabarcıklarını serbest bırakmak için tavaları birkaç kez tezgaha sıkıca vurun, ardından yüzeye çıkan kalan hava kabarcıklarını bir kürdan veya çizici ile patlatın.

i) Makaronları 30 dakika veya kabukları çıkana kadar dinlendirin.

j) Makaronlar dinlenirken fırını 315 F / 157 C'ye ısıtın.

k) Birer tepsi makaron fırınınızın orta rafında 15-18 dakika pişirin ve yarıya kadar tavayı çevirin.

l) Fırından çıkardığınız makaronları tepsi üzerinde 15 dakika kadar soğumaya bırakın ve ardından silpat matın üzerinden yavaşça çıkarın.

m) Kabukları eşleştirin, ardından bir makaron kabuğunu kremayla kaplayan bir parça krem peynir sıkın. Bir sandviç oluşturmak için buzlanmanın üzerine ikinci bir kabuğa hafifçe bastırın.

n) İstenirse, biraz beyaz çikolata gezdirin ve garnitür olarak kullanmak için iki makaron kabuğunu ezin.

o) Bitmiş makaronları hava geçirmez bir kaba koyun ve bir gece buzdolabında soğutun, ardından oda sıcaklığına ısınmasına izin verin ve tadını çıkarın!

89. Kırmızı Kadife Buz Kutusu Pastası

Yapar: 8 adet

İÇİNDEKİLER

- 2 su bardağı ezilmiş çikolatalı gofret kurabiye veya çikolatalı graham kraker
- ½ su bardağı eritilmiş tereyağı
- ¼ su bardağı toz şeker
- 12.2 ons Red Velvet Oreo kurabiye paketi
- 8 ons krem peynir, yumuşatılmış
- 3,4 ons kutu hazır cheesecake puding karışımı
- 2 bardak tam yağlı süt veya yarım buçuk
- 8 ons donmuş çırpılmış tepesi

TALİMATLAR

a) Fırını 375 ° F'ye ısıtın. 9 inçlik derin bir tabak pasta tabağını pişirme spreyi ile hafifçe püskürtün.

b) Küçük bir kapta, kurabiye kırıntılarını, tereyağını ve şekeri karıştırın. İyice karıştırın, ardından pasta tabağının altına ve yanlarına bastırın. 15 dakika veya ayarlanana kadar pişirin. Tamamen soğutun.

c) Süslemek için 5 kurabiyenin tamamını ayırın ve kalanını yeniden kapatılabilir bir plastik torbaya koyun.

d) Çerezleri ezin. Kenara koyun.

e) Orta boy bir karıştırma kabında krem peynir, puding karışımı ve sütü krema haline getirmek için bir mikser kullanın. 2-3 dakika veya kremsi, kabarık ve pürüzsüz olana kadar çırpın.

f) Çırpılmış tepesi ve ezilmiş kurabiyeleri elle dolguya katlayın. Soğuyan muhallebinin içine yayın.

g) Üst kısmı kalan çırpılmış tepesi ve istediğiniz gibi bütün çerezlerle süsleyin.

h) Servis yapmadan önce en az 4 saat soğutun.

90. Kırmızı kadife pancarlı kek

Yapar: 10 Porsiyon

İÇİNDEKİLER:

- 1 su bardağı Crisco yağı
- ½ su bardağı tereyağı, eritilmiş
- 3 yumurta
- 2 su bardağı şeker
- 2½ su bardağı un
- 2 çay kaşığı tarçın
- 2 çay kaşığı kabartma tozu
- 1 çay kaşığı tuz
- 2 çay kaşığı vanilya
- 1 su bardağı Harvard pancarı
- ½ fincan kremalı süzme peynir
- 1 su bardağı ezilmiş ananas, süzülmüş
- 1 su bardağı kıyılmış fındık
- ½ su bardağı hindistan cevizi

TALİMATLAR:

a) Yağ, tereyağı, yumurta ve şekeri karıştırın.

b) Un, tarçın, soda ve tuzu ekleyin.

c) Vanilya, pancar, süzme peynir, ananas, fındık ve hindistan cevizini katlayın.

d) 9x13 inçlik bir tavaya dökün.

e) 350 derecede 40-45 dakika pişirin. Krem şanti ile servis yapın.

91. pancar graten

Yapar: 4 porsiyon

İÇİNDEKİLER:

● 4 su bardağı Dilimlenmiş pancar (hem kırmızı hem de Sarı), ½ inç kalınlığında dilimlenmiş
● 1 su bardağı İnce dilimlenmiş soğan
● 2 su bardağı terbiyeli galeta unu
● 3 yemek kaşığı Tereyağı
● Üzerine gezdirmek için zeytinyağı
● Üzerine serpmek için parmesan peyniri
● Yağmurlama için Creole baharatı
● tuz ve beyaz biber

TALİMATLAR:

a) Fırını 375 derece F'ye önceden ısıtın. Tereyağlı graten veya ağır bir fırın tepsisine pancarları, soğanları ve ekmek kırıntılarının yarısını her birine tereyağı sürün ve her katmanı zeytinyağı, Parmesan peyniri, Creole baharatı ve tuz ve karabiberle baharatlayın. tatmak

b) Üstüne ekmek kırıntısı tabakası ile bitirin. Üzeri kapalı olarak 45 dakika pişirin. Ortaya çıkarın ve 15 dakika daha veya üst kısım kızarana ve kabarcıklı olana kadar pişirmeye devam edin. Doğrudan tabaktan servis yapın.

92. pancar yeşil sufle

Yapar: 1 sufle

İÇİNDEKİLER:

- 3 yemek kaşığı Parmesan peyniri; rendelenmiş
- 2 orta boy Pancar; pişmiş ve soyulmuş
- 2 yemek kaşığı Tereyağı
- 2 yemek kaşığı Un
- ¾ bardak Tavuk suyu; sıcak
- 1 su bardağı Pancar yeşillikleri; sote
- ½ su bardağı Çedar peyniri; rendelenmiş
- 3 Yumurta sarısı
- 4 Yumurta akı

TALİMATLAR:

a) Tereyağı 1 qt. sufle tabağı; Parmesan peyniri serpin. Pişen pancarları dilimleyip sufle kabının tabanına dizin.

b) Küçük bir tencerede tereyağını eritin, unu ilave edin, sıcak suyu ekleyin ve hafif koyulaşana kadar pişirmeye devam edin, ardından daha büyük bir kaba aktarın. Pancarları irice doğrayın ve cheddar peyniri ile birlikte sosa ekleyin.

c) Ayrı bir kapta yumurta sarısını çırpın; pancar yeşili karışımı ile karıştırın. Yumurta aklarını zirveler oluşana kadar çırpın. Diğer malzemelerle birlikte bir kaseye katlayın; iyi karıştırın. Hepsini tereyağlı sufle tabağına aktarın. Parmesan peyniri serpin.

d) 350 F.'de 30 dakika veya sufle şişene ve altın rengi olana kadar pişirin.

93. Kırmızı kadife Pancar köpüğü

Yapar: 1 Porsiyon

İÇİNDEKİLER:

- 3 orta boy Pancar; Derileri üzerinde pişmiş
- 2½ bardak Tavuk suyu
- 2 paket tatlandırılmamış jelatin
- 1 su bardağı tatlandırılmamış yoğurt
- 2 yemek kaşığı Limon veya misket limonu suyu
- 1 küçük Rendelenmiş soğan
- 1 yemek kaşığı Şeker
- 1 yemek kaşığı Hardal
- Tuz ve biber; tatmak

TALİMATLAR:

a) Pancarları soyun ve küp küp doğrayın.

b) Jelatini 6 T su ile bir kaseye koyun ve karıştırın. 2 dakika bekletin ve karıştırarak sıcak tavuk suyunu dökün.

c) Jelatin hariç tüm malzemeleri birlikte işleyin. Doğru baharat.

d) Soğutulmuş jelatini ekleyin ve karıştırmak için işleyin.

e) 6'yı ayarlamak için yağlanmış bir kalıba dökün. Kalıptan çıkarın ve körili tavuk salatası veya karides salatası ile çevrili tabağın ortasına servis yapın.

94. pancarlı fındıklı ekmek

Yapar: 1 porsiyon

İÇİNDEKİLER:

- ¾ bardak Kısaltma
- 1 su bardağı Şeker
- 4 yumurta
- 2 çay kaşığı vanilya
- 2 su bardağı Rendelenmiş pancar
- 3 su bardağı Un
- 2 çay kaşığı kabartma tozu
- 1 çay kaşığı Kabartma tozu
- ½ çay kaşığı Tarçın
- ¼ çay kaşığı Öğütülmüş hindistan cevizi
- 1 su bardağı kıyılmış fındık

TALİMATLAR:

a) Kısalma ve şekeri hafif ve kabarık olana kadar çırpın. Yumurta ve vanilyayı karıştırın. Pancar karıştırın.

b) Kombine kuru malzemeleri ekleyin; iyice karıştırın. Fındıkları karıştırın.

c) Yağlanmış ve unlanmış 9x5 "ekmek tepsisine dökün.

d) 350'F'de pişirin. 60-70 dakika veya ortasına batırılan tahta kürdan temiz çıkana kadar.

e) 10 dakika soğutun; tavadan çıkarın.

KOKTEYLLER VE SMOOTHİLER

95. Kırmızı Kadife Kek Martini

Yapar: 2

İÇİNDEKİLER:
- 2 ons kek votkası
- 1 ons Creme de Cacao
- ½ ons vanilya votkası
- ½ ons çırpılmış votka
- ¼ ons Aperol
- ½ ons nar şurubu
- ¼ çay kaşığı pudra şekeri

TALİMATLAR:
a) Kek votkası, Crème de Cacao, vanilya votkası, çırpılmış votka, Aperol, nar şurubu, pudra şekeri ve buzu bir kokteyl çalkalayıcıya ölçün.

b) İyice karışana kadar çalkalayın.

c) İki bardağa eşit şekilde süzün.

d) Sert.

96. Kırmızı kadife mojito kokteyli

Yapar: 5

İÇİNDEKİLER:
- 1 su bardağı kaynamış su
- 5 çay kaşığı Red Velvet gevşek çay yaprağı
- 5 nane yaprağı
- 2 yemek kaşığı agav nektarı
- 4 yemek kaşığı taze limon suyu
- 3 su bardağı maden suyu
- Bacardi romu

TALİMATLAR:
a) Çayı 200 ml kaynamış suda beş dakika demleyin.
b) Çay poşetini çıkarın veya gevşekse süzün ve soğuması için buzdolabına koyun.
c) Tüm malzemeleri birleştirin. Buz üzerinde servis yapın ve nane ve misket limonu ile süsleyin.

97. Kırmızı Kadife Çikolatalı Kokteyl

Yapar: 1 Kokteyl

İÇİNDEKİLER:
- ¼ su bardağı Beyaz çikolata likörü
- 1½ ons Votka
- 1 ons Grenadin
- ½ su bardağı Süt
- bardağınızı çevrelemek için krem peynir kreması
- cam kenarı için kırmızı serpintiler

TALİMATLAR:
a) Bardağın kenarlarını krem peynir kreması ile kaplayın ve üzerini kırmızı şekerlemeler veya kırmızı kadife kek kırıntıları ile kaplayın.
b) Bir kokteyl çalkalayıcıya buz ekleyin.
c) Tüm malzemeleri çalkalayıcıya ekleyin ve iyice çalkalayın.
d) Karıştırdıktan sonra, çalkalayıcının içeriğini bir bardağa dökün.
e) Servis yapın ve tadını çıkarın!

98. Kırmızı Kadife Kurabiye Kokteyli

Yapar: 1 porsiyon

İÇİNDEKİLER:

- 2 büyük çilek, kabuğu çıkarılmış ve dilimlenmiş
- 1 ½ ons Kırmızı Kadife Vodka
- 1 damla limon suyu
- 3 ila 5 ons kremalı soda, tatmak
- Süslemek için taze çilek

TALİMATLAR:

a) Bir kokteyl çalkalayıcıda çilek dilimlerini ekleyin. İyice karıştır.

b) Votka ve limon suyunu ekleyin. Shaker'ı buzla doldurun ve iyice çalkalayın.

c) Taze buzla doldurulmuş soğutulmuş bir highball bardağa süzün.

d) Soda ile doldurun.

e) Bir çilekle süsleyin. Servis yapın ve tadını çıkarın.

99. Kırmızı Kadife Smoothie

Yapar: 2

İÇİNDEKİLER:

- 1 su bardağı donmuş mango veya 2 muz
- 1 küçük pancar, pişmiş ve soyulmuş
- 3 yemek kaşığı toz kakao
- 1,5 su bardağı isteğe bağlı veya damak zevkinize göre süt
- 3 hurma, çekirdeksiz

TALİMATLAR:

a) Tüm malzemeleri blenderınıza ekleyin. Pürüzsüz olana kadar karıştır.

b) Tatmak. İstenilen tatlılık için daha fazla hurma veya mango ekleyin.

c) İstenilen kıvam için daha fazla süt ekleyin. Tekrar karıştırın ve hemen keyfini çıkarın.

100. Kırmızı Kadife Pancarlı Muzlu Smoothie

Yapar: 1

İÇİNDEKİLER
- 1 donmuş muz
- 1 su bardağı badem sütü
- 1 su bardağı donmuş çilek
- ½ pancar, pişmiş ve soyulmuş
- 2 yemek kaşığı toz kakao
- 1 yemek kaşığı akçaağaç şurubu/hindistan cevizi şekeri

TALİMATLAR
a) Malzemeleri ekleyin Tüm malzemeleri karıştırıcıya ekleyin.

b) Pürüzsüz olana kadar her şeyi karıştırın, bir bardağa dökün ve tadını çıkarın!

ÇÖZÜM

Kırmızı kadife, kadife veya pürüzsüz bir dokuya sahip olduğu için böyle adlandırılmıştır. İyi bir kırmızı kadife kek tarifi, ona çok benzersiz bir tat veren belirli miktarlarda kakao, ayran ve beyaz sirke gerektirir, bu sadece gıda boyası içeren normal bir tarif değildir. Ayrıca, orijinal kırmızı kadife, şu anda kullanılan icky ağır ve aşırı tatlı krem peynirli krema ile değil, kaynamış sütlü krema ile yapılmıştır. Kaynatılmış süt kreması, çırpılmış krema ve tereyağlı krema karışımı gibidir ve iyi yapılmış bir kırmızı kadife pastanın narin ve ilahi bir tadı ve dokusu vardır.

Kırmızı kadifeden ilham alan bu tarifleri bugün deneyin; Herhangi bir masayı parlatacaklarından eminler ve etkilemenin çok kolay bir yolu.

Ingram Content Group UK Ltd.
Milton Keynes UK
UKHW020612120623
423287UK00008B/37

9 781835 003510